*Jh. M. MARTIN*

# L'Ermitage
# d'Agen

## DE 1790 A 1911

IMP. RENAUD LEYGUES

# L'Ermitage d'Agen

## DE 1790 A 1911

PAR

## Jh M. MARTIN,

Chanoine-Archiprêtre Honoraire

MCMXII

VILLENEUVE-SUR-LOT. — IMP. RENAUD LEYGUES

# L'ERMITAGE D'AGEN

## (de 1790 à 1911)

## Lettre à Mgr du Vauroux
*Evêque d'Agen*

MONSEIGNEUR,

Après trente ans de silence et de deuil, Votre Grandeur a rouvert cette belle église de l'*Ermitage*, qui garde aux Agenais tant de touchants et précieux souvenirs. Ces souvenirs Vous les avez rappelés à grands traits le jour de l'inauguration nouvelle, et Votre parole, toujours écoutée avec l'attention et le respect qu'elle mérite, a réveillé cette fois des échos auxquels (Vous avez dû le comprendre) répondaient de vibrantes sympathies.

Les trois tableaux vivants, de nos Martyrs aux premiers siècles, de nos Ermites au moyen-âge, et de nos Religieux en ces derniers temps, ne s'effaceront pas de la mémoire des nombreux auditeurs qui eurent le privilège de Vous entendre ; mais tandis que les érudits donneront à Votre discours des commentaires puisés dans nos vieilles archives, pour les deux périodes des Martyrs et des Ermites, on se demandait qui pourrait raconter en détail l'histoire de nos vénérés Religieux, pendant leur séjour, hélas ! si odieusement abrégé, sur le coteau de S. Caprais et de S. Vincent.

Deux choses semblaient me désigner : *mon âge*, qui m'a permis de voir l'état de l'Ermitage dans toutes les transformations qu'il a subies depuis la Révolution, et *mon intimité* avec

4

les RR. PP. Carmes, qui me traitèrent toujours comme un hôte
de prédilection et un ami.

J'ai donc cédé aux instances filiales du Cher Père Bosq, de
sainte mémoire, continuées par plusieurs de ses survivants qui
assistaient à la fête de S. Charles (1910), jour de l'inauguration,
et j'ai écrit les pages que je soumets à Votre Grandeur, en La
priant d'en agréer l'hommage très respectueux.

L'œuvre est bien modeste ; mais si Vous daignez l'approuver
et la bénir, elle contribuera pour sa petite part à continuer la
mémoire des Saints qui vécurent en ces lieux pendant la meil-
leure partie du dernier siècle, et y furent pour Votre cité épiscopale et pour Votre diocèse une source abondante de grâces,
par la prière, la mortification, l'apostolat et l'exercice du Saint
ministère.

Daignez agréer, Monseigneur, avec ma reconnaissance anti-
cipée, l'hommage du profond et religieux respect dans lequel

J'ai l'honneur d'être,

de Votre Grandeur,

le serviteur très humble et très dévoué.

J<sup>h</sup> M. MARTIN,

Chanoine-Archiprêtre Honoraire.

Villeneuve, le 15 novembre 1911.

Agen, le 24 novembre 1911.

## Réponse de Monseigneur

Mon Cher Archiprêtre,

Vous avez assisté ému et joyeux à la touchante fête du 4 novembre 1910. C'était, en effet, pour beaucoup, pour vous surtout, la fête du souvenir et de l'espérance. Je ne m'étonne pas qu'au sortir de l'église des Carmes, devenue l'église de S. Vincent de l'Ermitage, vos amis vous aient demandé de vous faire l'historien de l'œuvre qui, sous forme nouvelle, allait revivre parmi nous. Je ne m'étonne pas non plus que vous ayez accepté sans trop d'hésitations la charge, un peu lourde assurément, mais douce après tout, qu'on avait raison de vous proposer.

Cette histoire désirée, vous venez de l'écrire avec votre cœur tout autant qu'avec votre esprit et votre mémoire. J'ai ressenti une impression excellente en la lisant, et c'est avec un empressement affectueux que je vous adresse une parole d'éloge et de gratitude.

Peut-être vous auriez pu développer davantage certaines parties de votre travail ; mais je n'ai pas de peine à comprendre les sentiments qui vous ont en quelque sorte obligé à vous étendre plus que vous ne l'aviez prévu sur la vocation, les œuvres et la mort de votre illustre et saint ami, le R. P. Hermann.

Je vous remercie d'avoir consacré un dernier chapitre aux Missionnaires diocésains. Le saint abbé Bosq, pour lequel vous aviez une affection toute spéciale, et qui vous avait précisément suggéré le projet que vous venez de mettre à exécution, méritait bien que son œuvre si nécessaire et si belle occupât une large part dans votre intéressant volume.

6

L'histoire de l'Ermitage de 1790 à 1911 sera accueillie avec faveur dans le diocèse d'Agen. La consolation sera douce pour vous, et nul ne goûtera mieux que moi, veuillez bien le croire, cette joie intime de votre cœur.

Je bénis donc, mon cher Archiprêtre, ce modeste mais vivant ouvrage de votre vieillesse, et je vous offre bien sincèrement l'assurance de mon affection dévouée en Notre Seigneur.


† CHARLES PAUL,

Evêque d'Agen.

Villeneuve-sur-Lot, le 27 mai 1911.


## Lettre-Préface


Mon Cher Ami, (1)

Au jour trois fois heureux de S. Charles, où Mgr du Vauroux, notre Evêque, si actif et si justement vénéré, installa solennellement les Missionnaires diocésains à l'Ermitage, (2) on me demanda instamment de compléter le *Précis historique* de M. l'abbé Barrère, publié en 1865. Deux mois plus tard, (3) le cher Supérieur des Missionnaires revint à la charge, et par de nouvelles instances, en des termes trop flatteurs, me supplia de mettre la main à l'œuvre. Depuis, la mort nous l'a prématurément enlevé, (4) au cours d'une mission qu'il prêchait à S. Aubin, canton de Monflanquin, et en des circonstances qui ont couronné comme elle le méritait une sainte, mais trop courte vie.

Je dois à sa chère mémoire et à votre filiale amitié, de tenir la double demi-promesse que je vous ai faite, à l'un et à l'autre, vous qui fûtes deux pierres fondamentales dans l'œuvre des missions diocésaines, en essayant, non pas de reproduire les publications extraites de la grande *Histoire du diocèse*, (5) en ce qui concerne l'Ermitage, mais de les rappeler simplement, et d'y ajouter des souvenirs peu connus, dont je reste peut-être,

---

(1) M. l'abbé Franco Charles, qui fut un de nos premiers missionnaires, et qui est aujourd'hui curé du Passage d'Agen.

(2) 4 Novembre 1910.

(3) 4 Janvier 1911.

(4) 26 Mars 1911.

(5) Après avoir publié, en deux magnifiques volumes in-4°, l'*Histoire monumentale et religieuse du diocèse d'Agen*, M. l'abbé Barrère en détacha, en un petit *volume*, ce qui est spécial au coteau S. Vincent d'Agen, et plus tard il publia, en une petite *plaquette*, ce qui a trait au rétablissement des RR. PP. Carmes à l'Ermitage.

8

à mes quatre-vingts ans, le seul dépositaire, et qui méritent, croyez-vous, d'être conservés.

Je me résigne donc à entreprendre ce modeste travail, laissant à nos érudits le soin de reproduire, en compulsant des archives malheureusement trop peu explicites, l'histoire complète de l'Ermitage d'Agen, d'abord aux temps de nos martyrs, (1) puis durant l'époque où le culte de S. Vincent y fut en honneur, comme celui de S. Caprais, et jusqu'à l'expulsion des vieux Ermites, aux jours néfastes de la Grande Révolution.

Tout ce qu'on peut attendre de moi, c'est une esquisse rapide de ce qu'a été l'Ermitage au xixᵉ siècle, avec quelques épisodes dont j'ai eu la confidence, grâce à des relations intimes auxquelles voulurent bien m'admettre nos chers et si regrettés Pères Carmes. Il me sera doux de rappeler la mémoire de ces vénérés et saints religieux, qui ne passèrent que trente-cinq ans au milieu de nous, mais qui y firent une impression si profonde.

Agréez, mon cher ami, cette humble offrande comme un témoignage de ma vieille affection.

Jʰ M. MARTIN,

Chanoine-Archiprêtre Honoraire.

---

(1) Le coteau qui domine, au nord, la ville d'Agen porte le nom de coteau S. Vincent, en souvenir du culte qui y fut rendu de longue date au diacre martyr, conjointement à celui qu'on y rendait déjà à St-Caprais, en mémoire de son héroïsme lorsque, obéissant aux manifestations du ciel, l'Evêque laissa son troupeau caché dans les bois, et descendit de la colline, pour affronter la tyrannie du persécuteur Dacien, et mourir avec Ste-Foy, Ste-Alberte, S. Prime et S. Félicien.

De là peut-être l'opinion qui a fait croire que S. Vincent avait été le diacre de S. Caprais, et même son successeur sur le siège d'Agen, tandis que des travaux plus récents semblent devoir établir que le diacre aurait précédé le pontife d'une trentaine d'années dans l'arène sanglante, et aurait opéré ses prodiges et subi le supplice aux buttes de Caumont, non loin du Mas d'Agenais, où fut construite plus tard sa basilique et fondé le chapitre qui la desservait.

---

# I

## L'Ermitage depuis la Révolution jusqu'à l'arrivée des Pères Carmes (1790-1846)

Il restait cinq ou six de nos anciens Ermites, dont un prêtre, dans les grottes du mont S. Vincent, quand éclata la Grande Révolution. Dès l'année 1790, ils furent arrachés de leur solitude et conduits en prison. Les grottes restèrent désertes, la mystérieuse chapelle, creusée dans le rocher, près de la fontaine de S. Caprais, fut profanée, et on ferma les modestes constructions qui l'entouraient, ainsi que le petit enclos que cultivaient les Ermites, et qui allait devenir une friche aride pendant de longues années.

Après les jours désastreux, il fallut restaurer tant d'autres ruines, que l'Ermitage resta longtemps oublié.

En 1808, Mgr Jacoupy, Évêque d'Agen depuis 1802, fut autorisé par décret à racheter le couvent de la Visitation, dans la rue Porte-Neuve, aujourd'hui rue Montesquieu. Il y établit, dans un espace assez restreint, sous la direction de M. l'abbé Gardelles, un commencement de Séminaire, où pendant huit ans se firent toutes les études ecclésiastiques, depuis les éléments de grammaire et les classes de littérature jusqu'aux différents cours de philosophie et de théologie. En 1816, un nouveau décret rendit au diocèse la jouissance du Grand Séminaire, construit au xviie siècle par Mgr Mascaron, et M. l'abbé Gardelles y conduisit bientôt ses élèves de philosophie et de théologie. Les classes de grammaire et de littérature restèrent à la Visitation, et un jeune vicaire de Villeneuve en fut nommé Supérieur en 1818. C'était M. l'abbé Tailhé, à qui l'on témoignait de bonne heure une confiance en apparence prématurée, mais qui la justifia par une administration de vingt ans, dont le Petit Séminaire a bénéficié jusqu'à sa dispersion de 1906 ; le diocèse ne saurait en perdre la mémoire (1).

C'est lui qui conçut et réalisa le projet de racheter l'Ermitage. La pieuse solitude, confisquée par le gouvernement révolutionnaire, resta longtemps fermée ; puis elle avait été vendue, à vil prix, pour devenir une auberge de troisième ordre, où les désœuvrés se réunissaient, le dimanche surtout, pour boire et jouer (2).

Le vénéré Supérieur du Petit Séminaire souffrait, comme tant d'autres, d'une telle profanation, et il résolut de racheter, à ses frais, ces lieux autrefois sanctifiés par la prière et les mortifications des pieux Ermites, qui y continuaient la glorieuse mémoire de nos martyrs.

L'Ermitage devint ainsi un but de promenade, et un lieu de récréation, les jours de congé, pour les élèves du Petit Séminaire, jusqu'au jour où Mgr de Vesins eut la pensée d'appeler une colonie de Missionnaires, destinée à évangéliser les paroisses de son diocèse.

---

(1) La carrière fournie par M. Tailhé dans le diocèse donnera une idée des services qu'il a rendus :

1º Vicaire à Ste-Catherine de Villeneuve, de 1816 à 1818.

2º Supérieur du Petit Séminaire, de 1818 à 1837.

3º Chanoine titulaire, le 21 août 1834.

4º Vicaire Général, le 12 mars 1837.

5º De nouveau Chanoine titulaire, le 10 avril 1839.

6º Supérieur du Grand Séminaire, de 1843 à 1845.

7º Archiprêtre de la Cathédrale, en 1847.

8º Démissionnaire du Chapitre en 1851, en faveur de M. Caumont, curé de N. D. de Bon-Encontre, qui céda sa cure aux Pères Maristes.

9º Décédé, au Petit Séminaire, le 19 février 1862 ...... ..................................... ...... .... Ce Petit Séminaire, qu'il avait gouverné pendant vingt ans, consacrant une part de sa belle fortune à en dilater l'enceinte, tandis que sa direction intelligente et ferme en faisait une maison modèle de solides études et d'esprit sacerdotal.

(2) On pourrait rappeler ici un de ces bons mots que le cher supérieur ne dédaignait pas à l'occasion.... Comme, en la circonstance, le tenant de la guinguette, ayant fait peindre *en gris* portes et fenêtres, et voulant, à ce titre, relever le prix de l'immeuble, insistait à dire qu'il avait fait *griser*..., « Oui, mon ami, « lui dit en souriant M. Tailhé, vous avez fait *griser*, nous ne le savons que trop. « Ce n'est pas ainsi que faisaient nos Ermites. »

Les Maristes, déjà établis en diverses contrées de la France (1), et notamment à Verdelais, furent choisis, et M. Tailhé, devenu Supérieur du Grand Séminaire, se hâta de mettre l'Ermitage à leur disposition. Ils ne devaient y faire qu'un séjour de quelques mois; car M. Tailhé songeait, dès 1845, à racheter le couvent de Bon-Encontre, d'où le Tiers-Ordre régulier de S. François avait été brutalement expulsé en 1790. Sa pensée était d'y transférer les Pères Maristes, devenus nos Missionnaires diocésains, et d'utiliser autrement l'Ermitage.

La Providence sembla venir au devant du vénérable Chanoine, qui avait naguère résigné ses fonctions de Supérieur du Grand Séminaire, et dont l'activité généreuse était toujours à la recherche de quelque nouvelle œuvre pour le bien du diocèse. Elle lui amena, au moment où il combinait ce double projet, deux religieux étrangers, qui devaient en faciliter l'exécution. C'étaient deux Carmes-Déchaussés : le Père Dominique de S. Joseph et le Père Louis du S. Sacrement, que la Révolution espagnole avait forcés à quitter leur patrie, et qui, ayant été accueillis avec bienveillance dans le diocèse de Bordeaux, y avaient appelé quelques-uns de leurs frères d'Espagne, et avaient pu former en quelques années un groupe assez important. Par eux l'Ordre du Carmel allait revivre bientôt en France, et leur noviciat surabondant était à même d'essaimer, pour former de nouvelles ruches.

Les deux religieux qui se présentèrent à M. Tailhé en 1845 avaient été les deux pierres fondamentales de l'édifice, qui grandissait sous leur action. Ayant providentiellement appris que l'Ermitage d'Agen allait devenir disponible, par le transfert à Bon-Encontre des Pères Maristes, qui l'occupaient, ils l'avaient visité, et ils proposaient à M. Tailhé de l'acquérir, après avoir sollicité et obtenu de Mgr l'Evêque d'Agen l'autorisation de s'établir dans son diocèse.

Ils allaient y conduire bientôt leur première colonie, et nous appartenir ; mais avant de continuer cette histoire contemporaine (et déjà terminée, hélas !) de notre Ermitage, nous devons faire connaître ces deux hommes; le Père Dominique surtout, qui en fut l'âme, et peut en être appelé le héros.

---

(1) Ils avaient même une Mission dans l'Océanie.

# II

## Histoire rétrospective du P. Dominique
## de S. Joseph

Nous n'avons pas à raconter comment Ferdinand VII, roi d'Espagne, souleva une révolution en abolissant la loi Salique, qui, depuis l'avènement de Philippe V, était devenue loi du royaume, et qui excluait les femmes du trône, tout en leur laissant le droit à la régence pendant la minorité d'un roi. A la mort de Ferdinand (1833), l'Espagne se divisa en deux partis ; l'un proclama sa fille sous le nom d'Isabelle II ; l'autre proclama son frère don Carlos, sous le nom de Charles V. La tutelle d'Isabelle, jeune encore, fut confiée à sa mère Marie-Christine, nommée régente ; Charles V défendit ses droits à la tête de ses partisans. Ce fut le commencement de la longue et terrible guerre entre les *Christinos* et les *Carlistes*.

En ce moment, il y avait au carmel de Pampelune un savant professeur de théologie, nommé Père Dominique de S. Joseph (1), et bien connu en dehors du cloître pour son éloquence. Il fut appelé à faire l'Oraison funèbre du roi défunt, dans la chaire de la cathédrale, en présence de l'Evêque, du clergé, des autorités civiles et militaires, et d'une population dont les opinions contradictoires créaient à l'orateur une situation bien délicate. Malgré la prudence de sa parole, on voulut trouver des allusions qui auraient trahi en lui le Carliste, trop fidèle aux lois de succession acceptées par l'Espagne dès la fin du xvii\u1d49 siècle. Obligé de s'expliquer, il ne voulut pas s'en défendre, et menacé de la prison, il devança une surprise en se

---

(1) Il portait dans le monde le nom de Dominique Stanislas Arwéza-y-Munarriz.

décidant à la fuite. Il ne tarda pas à être admis à la Cour de Charles V, en qualité de prédicateur et d'aumônier du roi.

La lutte fut longtemps acharnée, et avec des succès divers, entre Christinos et Carlistes ; mais la trahison aidant, la victoire se dessina enfin en faveur d'Isabelle, et les partisans de Charles V durent ou se soumettre ou s'expatrier. A une soumission qui eût été pour sa nature droite une trahison et une indigne lâcheté, le Père Dominique préféra l'exil. Il passa en France aux premiers jours de février 1839, avec l'intention d'aller en Amérique, et de s'y faire oublier dans un couvent de son Ordre. La Providence avait d'autres desseins.

Arrêté quelques jours à Bordeaux, en attendant le départ d'un navire, le pauvre exilé alla frapper à la porte du couvent des Carmélites, espérant y trouver un secours et une protection dont il avait besoin. Mme de Saint-Exupéry, en religion Mère Bathilde de l'Enfant Jésus, était alors Supérieure de la Communauté, et en accueillant avec un bienveillant respect le banni de l'Espagne, elle sentit renaître en elle l'espérance qu'elle avait conçue, dans le secret de son cœur, de rétablir à Bordeaux les religieux de son Ordre. Elle ne tarda pas de s'en ouvrir au P. Dominique, auquel elle avait offert asile dans une modeste chambre, voisine de son monastère. Ce fut une révélation pour le pauvre fugitif, et, avec son intelligence vive et sa foi d'apôtre, il entrevit une grande mission qu'il pourrait avoir à remplir.

Il se mit aussitôt à l'étude de la langue française, dont les premières difficultés furent assez facilement vaincues, et il songea à attirer des aides qui pourraient seconder son entreprise, hardie sans doute, mais réalisable si elle était dans les desseins de Dieu.

Il avait été remplacé dans sa chaire de théologie du Carmel de Pampelune par le P. Louis du Très-Saint Sacrement, son compatriote et son ami, né comme lui à Puente-la-Reyna. Cette succession fut de courte durée, et à la suite d'un sermon, prononcé dans l'église de son baptême et de ses jeunes ans, le P. Louis, justement soupçonné d'être fidèle à son roi, dut quitter la Navarre, et se retirer au monastère de Lascaño, dans la Guipuzcoa, ( province basque ). Il y fut nommé Maître des novices, et parmi les jeunes religieux qu'il devait former à la règle de Ste-Thérèse, il en remarqua trois, dont l'intelligence, la piété et l'ardeur fixèrent plus particulièrement son attention ; c'étaient les frères Emmanuel de Ste-Thérèse, François de Jésus-Marie-Joseph et Firmin de la Ste-Trinité.

Mais les événements politiques se précipitaient en Espagne, et trahi par Maroto, Charles V songea à franchir les Pyrénées, pour se réfugier en France, où, jusque dans son malheur, il devait être traité en roi. Les religieux de Lascaño furent dispersés. Le Père Louis et le Frère Emmanuel s'exilèrent à Bayonne ; les Frères François et Firmin restèrent momentanément en Espagne, et entrèrent dans les rangs du clergé séculier.

La nouvelle de ce bouleversement inattendu surprit le Père Dominique à Bordeaux, lorsqu'il combinait avec Mère Bathilde les moyens d'y restaurer le Carmel, depuis cinquante ans banni de France. Il se hâta d'appeler le P. Louis, qui arriva dès le 5 octobre avec son jeune compagnon d'exil, et à eux trois, dans la petite retraite que leur avait ménagée la vénérée prieure des Carmélites, ils résolurent de commencer l'observance, le 14 octobre, par la psalmodie en commun des premières vêpres et des matines de Ste-Thérèse.

Ce beau rêve s'évanouit bientôt. Le passeport qui avait été délivré aux nouveaux arrivés les désignait pour la Picardie, et après trois jours de repos, ils durent se mettre en marche, avec leur feuille de route et leur solde par étapes, assimilés aux pauvres soldats de Charles V, que la fortune avait trahis.

« Partout, sur leur passage, les prêtres français leur témoignèrent une sympathie qui adoucissait les amertumes de l'exil. Ils recevaient dans les presbytères une généreuse hospitalité, et rarement, on les laissait partir sans ajouter quelque chose à la modique solde des étapes.

« Cependant les fatigues du lendemain venaient chaque jour accroître les fatigues de la veille. Arrivés à Tours, les deux religieux se trouvèrent dans l'impossibilité de continuer leur voyage. On leur permit de rester quelques jours dans cette ville, pour réparer les forces épuisées.

« Accueillis au Grand Séminaire avec tous les égards dus au malheur, ils ne tardèrent pas à visiter leurs sœurs du Carmel. La Supérieure, qui connaissait un député au corps législatif, obtint par son entremise que les deux religieux fussent dispensés d'aller en Picardie, et pussent rentrer à Bordeaux pour y fixer leur séjour. Resté seul, le P. Dominique n'en avait pas moins commencé son observance au jour fixé, le 14 octobre, veille de la fête de Ste-Thérèse... C'étaient, par l'énergie et la foi d'un seul homme, les fondements posés du rétablissement des Carmes en France. » (1)

Cet isolement ne dura pourtant que peu de semaines, la veille du premier dimanche de l'Avent, le P. Louis et le Fr. Emmanuel revinrent de Tours, et la petite communauté, rêvée pour la fête de Ste-Thérèse, se trouva constituée pour se préparer aux fêtes de Noël.

Mais qu'était ce frêle rameau, isolé en France, et ne se rattachant à aucune branche pour puiser une sève vivifiante qui pût le faire fleurir ? Le P. Dominique comprenait bien la difficulté de cette situation. Il partit pour Rome, afin de l'exposer aux deux procureurs généraux de l'Ordre, celui d'Espagne et celui d'Italie. Les négociations furent longues, car la question était grave de ressuciter en France une Congrégation qui n'y existait plus depuis un demi-siècle.

Enfin il fut décidé que, si la résurrection se réalisait, les couvents de France dépendraient de la Congrégation Italienne, et le P. Dominique, après six mois d'absence, rentrait à Bordeaux vers les derniers jours de 1840, muni d'une autorisation canonique, et avec le titre de *Commissaire Général*.

De douces surprises l'y attendaient. Le Fr. Emmanuel, qu'il avait laissé diacre auprès du P. Louis, avait été ordonné prêtre; et les deux Pères François de Jésus-Marie-Joseph et Firmin de la Sainte-Trinité, que le P. Louis avait lui-même laissés encore novices au couvent de Lascaño, et qui avaient dû quitter leur monastère, après une douloureuse expulsion, et chercher un refuge momentané dans les rangs du clergé séculier, venaient d'arriver eux aussi à Bordeaux le 4 novembre, à la suite d'un autre Père Carme, qui les avait devancés de quelques jours. Six Pères donc, et trois ou quatre Frères convers, qui s'étaient joints à eux, formaient déjà une communauté de dix membres. Le grain de Sénevé germait... Il allait pousser sa première tige.

_______

(1) Précis de M. l'abbé Barrère.

En effet, un vénérable ecclésiastique de la Gironde, vieux débris des armées vendéennes, M. Guesneau, curé de Cardan, possesseur d'une propriété nommée le Broussey, près de Rions, non loin de Cadillac, fit communiquer à la Mère Bathilde le dessein qu'il avait d'y établir un ordre religieux. Dès le 19 mars 1841, le jour de S. Joseph, fête particulièrement chère aux Enfants de Ste-Thérèse, les RR. PP. Dominique et François, accompagnés de deux frères coadjuteurs, s'installaient dans la propriété de M. Guesneau, et l'excellent vieillard leur demanda instamment d'y célébrer le plus tôt possible les saints mystères, dans un appartement réservé, en attendant qu'on pût construire une chapelle.

Le 8 avril, jour du Jeudi-Saint, ses vœux furent exaucés, et on donna à la cérémonie toute la pompe qui était possible dans un local improvisé et avec les ornements qu'avait pu prêter la petite église de Cardan. Non moins que les saints religieux, le bon curé donateur était au comble de la joie, et il chanta son *Nunc dimittis* le soir, en s'endormant dans la paix du Seigneur, mais d'un sommeil qui fut pour lui la fin de l'exil, et dont le réveil se fit au ciel pour son âme. Il recevait là-haut la récompense d'une longue vie sacerdotale, terminée par un acte de charité et de religion qui en fut le couronnement, et ceux qui bénéficièrent de ses dernières générosités, s'unirent (de quel cœur !) aux paroissiens dont il avait été le père, pour honorer sa tombe et garder son souvenir.

D'autres libéralités s'ajoutèrent à celles de M. Guesneau, qui permirent de construire une chapelle, et d'adapter les anciennes constructions aux nécessités d'un noviciat. En même temps d'autres religieux arrivaient d'Espagne, et des vocations se révélaient en France. Le grain de Sénevé allait devenir un grand arbre. En quelques années, le Broussey forma une communauté nombreuse, où se trouvaient réunis novices, profès, étudiants, professeurs, sous la direction des anciens et l'action prépondérante du P. Dominique de S. Joseph. C'est alors (1845) qu'on parla de l'Ermitage d'Agen, et que le P. Dominique, accompagné du P. Louis, fit les premières démarches, et, grâce à un secours providentiel, dont le mystère sera révélé plus tard par la reconnaissance, put songer à en faire l'acquisition.

# III

## Fondation du Carmel à l'Ermitage

Le 13 mai 1846, un contrat de vente fut signé, qui transférait la possession de l'Ermitage, de M. le Chanoine Tailhé au R. P. Dominique de St-Joseph. Le vénéré religieux se hâta d'adapter la vieille maison à sa destination nouvelle, et dès le mois de juillet de l'année suivante, arrivèrent du Broussey six jeunes profès, qui venaient d'y prononcer leurs vœux.

Cette première colonie forma un *Vicariat*, qui fut confié à la direction d'un Carme venu d'Espagne peu après les premiers exilés, le R. P. Raymond de la Vierge. Elle se composait de six religieux, dont les noms méritent d'être conservés ; car ils figureront, à divers titres, dans les annales du Carmel de France, pendant sa trop courte durée. C'étaient : le P. Emmanuel du S. Sacrement, qu'il ne faut pas confondre avec le P. Emmanuel de Ste-Thérèse, le novice qui avait accompagné le P. Louis dans son exil ; le P. Antoine de la Vierge, musicien qui devait diriger les psalmodies du chœur ; le P. Pierre de Jésus Marie Joseph, qui ramènera plus tard lui-même une colonie en Espagne, pour y fonder le couvent de Calahora ; puis les Pères André de S. Jean de la Croix, François de l'Assomption, et Nicolas de Jésus Marie.

A eux six, ils composaient le premier *Collège* d'études de l'Ordre naissant, et ils allaient avoir, à la tête de leurs professeurs, le R. P. François de Jésus Marie Joseph, l'ancien novice de Lascaño, qui était devenu un maître, et qui devait jouer un rôle prépondérant dans la reconstitution et le développement de notre Carmel.

Les novices étaient déjà, pour la plupart, ordonnés prêtres;

mais, avant d'avoir fait leurs études ecclésiastiques, ils ne pouvaient être admis au ministère sacré. La vie religieuse et les cours de Philosophie, de Théologie et d'Ecriture Sainte devaient absorber leurs journées pendant cinq ans, tandis que leurs directeurs, aidés de quelques autres Pères venus d'Espagne, s'exercèrent à la prédication, en triomphant des difficultés qu'avait pour eux la langue française, et leurs confessionnaux ne tardèrent pas à être assiégés. C'est dire que la petite chapelle, creusée dans le rocher par les anciens Ermites, (et peut-être en des temps assez reculés,) était bien insuffisante, surtout le dimanche, pour recevoir les nombreux fidèles qui se pressaient sous sa voûte mystérieuse.

D'ailleurs quelques prêtres de France, et notamment un de notre diocèse d'Agen (1), avaient répondu à une vocation qui jusque là ne pouvait prendre son essor, et avaient sollicité une place parmi les religieux espagnols, ils étaient naturellement des professeurs de français pour leurs maîtres de la vie religieuse, et les prédicateurs indiqués, en attendant que les étrangers pussent aborder la chaire, comme ils le firent bientôt avec un étonnant succès.

Le vicariat de l'Ermitage fut gouverné par le P. Raymond pendant deux ans. En 1849, le P. Dominique vint en prendre momentanément la direction, pour y installer le Collège de théologie, qu'allaient former les jeunes philosophes, en accueillant une nouvelle recrue de novices comme successeurs et confrères. Les deux collèges devaient vivre, en effet, sous le même

---

(1) Le R. P. Charles, M. de Cardenal, autrefois professeur de quatrième au Petit Séminaire, et devenu curé de Fouleyronnes. — Indépendamment du P. Charles, qui laissa comme œuvre principale au Carmel sa traduction des *Œuvres de S. Jean de la Croix,* le diocèse d'Agen fournit un certain nombre de sujets qui occupèrent dans l'Ordre une large place, et y laissèrent de grands souvenirs.

Nous pourrions citer parmi eux : Le P. Marie Ephrem, ancien directeur au Grand Séminaire, qui partit pour les Missions étrangères, et mourut évêque de Quilon et Mangalore ; le P. Marie-Joseph, un saint élève du Petit Séminaire, qui partit lui aussi pour les Missions, érigea une statue monumentale de la Ste-Vierge sur les ruines de la Tour de Babel, et mourut Préfet Apostolique de Bagdad ; le P. Basile, qui fut un des prédicateurs en relief, devint Provincial, et eut la douleur d'assister comme principale victime à l'expulsion de l'Ermitage, le 16 octobre 1880.

toit, en attendant la fondation du couvent de Carcassonne, où le collège de théologie sera transféré plus tard, tandis que la philosophie restera seule à Agen.

Ainsi marchait rapidement l'œuvre, commencée modestement sous la protection de la Mère Bathilde, continuée au noviciat du Broussey, et comptant déjà deux vicariats, celui d'Agen et celui de Bordeaux, qui se donnaient la main comme deux frères, rivalisant de zèle et de ferveur. Le séjour du P. Dominique à l'Ermitage ne fut que de quelques mois, (de mai à novembre 1849), le temps de bien inaugurer les études des théologiens, qu'il se proposait de confier à la direction du P. Louis du S. Sacrement, son successeur d'autrefois dans la chaire de Pampelune. Mais ce rapide passage fut marqué par un évènement qui devait bientôt donner un grand relief à l'œuvre déjà florissante.

Le 19 juillet, au moment où l'on se préparait à chanter les vêpres de S. Elie, le prophète, premier Père du Carmel, un mystérieux personnage, jeune encore (27 ans), bien connu dans le monde artistique, mais ignoré aux solitudes de la Ste-montagne, vint frapper à la porte du monastère, et solliciter la faveur d'y faire une retraite. C'était le pianiste Hermann, l'élève favori de Liszt, récemment converti du judaïsme, et aspirant à la vie religieuse. Nous consacrerons un article spécial de cet opuscule au grand artiste, devenu non moins grand religieux. Qu'il suffise pour le moment de dire comment il se présenta au R. P. Dominique, et fut gracieusement admis à faire une retraite, heureuse transition entre sa vie du monde et sa vie du Carmel.

# IV

## Progrès de l'ordre renaissant (1840-1853)

Dix ans s'étaient écoulés depuis que le Père Dominique seul avait inauguré l'observance du Carmel dans l'humble réduit que Mère Bathilde lui avait ménagé à Bordeaux. Une petite communauté s'était peu à peu formée autour de lui, qui devint un modeste couvent, destiné à grandir. Le noviciat du Broussey s'était fondé, l'Ermitage d'Agen s'était peuplé et allait essaimer à Carcassonne. On aurait donc trois *couvents*, un *noviciat*, deux *collèges*, tous les éléments d'une *Province*.

Le Souverain Pontife, qui était tenu au courant de ces progrès merveilleux, crut le moment venu de nommer le P. Dominique *Vicaire provincial*, et d'ériger en *Prieuré* le couvent d'Agen. Le *Chapitre* du vicariat se réunit à l'Ermitage, que le P. Dominique avait choisi pour sa *résidence*, et il fut à l'unanimité élu *Prieur*, ce titre n'étant pas incompatible avec celui de *Vicaire provincial*. Les autres élections canoniques furent celles des trois *Discrets* : les RR. PP. Louis du S. Sacrement, François de Jésus Marie Joseph, et Emmanuel de Ste-Thérèse. Le P. Louis, en même temps que premier discret provincial, fut nommé sous-prieur de l'Ermitage.

Jusqu'à ce jour, les religieux ne portaient leur costume que dans l'intérieur de leurs maisons. La Révolution de 1848 s'était montrée envers le Clergé moins ombrageuse que le gouvernement déchu, le mot de liberté était sur toutes les lèvres ; mais les moines, à peine tolérés, n'étaient libres de se produire en public qu'avec le costume des prêtres séculiers. Le P. Dominique souffrait d'une telle situation, et encouragé par l'exemple de Lacordaire, qui avait fièrement arboré les livrées de son Ordre dans la chaire de Notre-Dame, il sollicita de Mgr de

**24**

Vesins l'autorisation , pour lui et ses fils , de porter le
costume hors du Couvent. Le Prélat crut prudent de ne
pas prendre sur lui une telle responsabilité, et avant de s'y
décider, il voulut attendre l'effet que produirait, dans quelques
jours, l'apparition d'un costume religieux dans sa cathédrale.

Trois Capucins, en effet, allaient y prêcher une mission ; mais
les trois religieux, Père Laurent d'Aoste, P. Alphonse et P.
Ambroise, mirent pour condition qu'ils garderaient leur robe
et leur capuce de S. François. Leur succès fut immense, et le
respect qui les entoura leva toutes les hésitations. Aussi le jour
de l'Ascension, (9 mai 1850), le P. Dominique et le P. Emmanuel parurent au sermon du P. Laurent avec la robe et le scapulaire de bure sous le manteau blanc. Le lendemain ils allèrent
remercier les missionnaires, et visiter Mgr l'Evêque, attirant
l'attention, mais provoquant une vénération respectueuse.

Deux mois après, appelés comme théologiens au concile de
Bordeaux, le P. Dominique et le P. François y portèrent leur
costume, et y furent acclamés.

Ces évènements et le développement continué des fondations
firent impression à Rome, et le Chapitre Général crut le moment venu (1) d'ériger le *Vicariat Provincial* en *Province
canonique* sour le nom de *Province d'Aquitaine.* Elle se composerait pour le moment de trois prieurés : Le Broussey, Agen
et Carcassonne ; et de deux vicariats : Bordeaux et Montigny
(au diocèse de Langres.) D'ailleurs, les sujets se multipliant,
deux autres couvents devaient se fonder bientôt à Pamiers et à
Montpellier, ce qui porterait à sept le nombre des maisons.
Naturellement le P. Dominique fut élu *Provincial.* Comme
successeur au prieuré d'Agen, il eut le P. François de Jésus
Marie Joseph, et le P. Emmanuel de Ste-Thérèse en fut nommé
Sous-Prieur.

Avant de continuer l'esquisse historique de l'Ermitage, et
d'indiquer les grandes lignes du provincialat exercé par le P.
Dominique, à notre récit s'impose un épisode qui demandera
quelques développements : l'entrée et les premières années au
Carmel du pianiste Hermann Cohen, sous le nom de Père
Augustin Marie du T. S. Sacrement.

(1) 11 mai 1853.

## V

## Hermann Cohen,
## Père Augustin Marie du T. S. Sacrement

---

Hermann naquit, en 1820, à Hambourg, d'une famille juive,
dont le nom hébreux *Cohen* (qui signifie *prêtre*), et les places
d'honneur qu'on lui réservait dans les synagogues semblaient
justifier ses prétentions, assez peu certaines, d'appartenir à la
tribu de Lévi et à la famille d'Aaron. Son père était à la tête
d'une belle fortune et tenait une banque importante ; il fit donner dès le bas-âge une éducation soignée à ses enfants, et
comme Hermann montrait des dispositions exceptionnelles
pour la musique, on le confia à un professeur émérite, qui ne
craignit pas de le lancer, à l'âge de neuf ans, pour donner un
concert devant les ducs de Mecklembourg. Ce fut pour le débu-
tant un triomphe et un malheur. « Mon succès, disait-il un jour
« à un ami de sa vie religieuse, me grisa à un tel point, que
« j'en devins sot de vanité et d'orgueil, tranchant les plus gra-
« ves questions avec un aplomb ridicule, et n'admettant de
« contrôle de personne. »

Il n'aspirait plus qu'au bonheur de venir à Paris... Il y fut
conduit par sa mère, et après un essai devant les maîtres de
l'époque : Chopin, Zimmermann et Liszt, c'est à Liszt qu'il fut
définitivement confié. Il en devint l'élève favori, le jeune ami,
on peut dire l'enfant, et l'enfant gâté, hélas !

Une rencontre préméditée allait l'exposer bientôt à tous les
dangers d'un monde pervers. George Sand, alors dans tout
l'éclat de sa gloire littéraire, était en relations fréquentes avec
Liszt ; elle voulut voir et entendre son élève. Dès la première
entrevue, elle en fut ravie, et ayant un fils à peu près du même

âge, elle conçut immédiatement la pensée de les traiter comme deux frères.

Dans son intimité, Liszt avait contracté l'habitude de donner à ses amis de petits surnoms tendres et caractéristiques. Du mot allemand *Puzzig*, qui signifie Mignon, il avait formé *Puzzi*, pour désigner son cher élève, qui ne fut bientôt plus connu que sous ce nom dans les salons et dans les journaux. M^me Sand avait trouvé ce nom de guerre charmant, et elle ne contribua pas peu à le propager, notamment dans ses *Lettres d'un voyageur*, publiées à cette époque par la *Revue des Deux Mondes*.

Lorsque Liszt quitta momentanément Paris pour Genève, il ne tarda pas d'y appeler Puzzi ; George Sand se hâta de les y rejoindre avec son fils, et ils firent ensemble le voyage de Suisse. Ce fut le commencement de relations désastreuses, qui allaient s'étendre, avec Alfred de Musset, Lamennais, Michel de Bourges et consorts. Redisons au moins, à la décharge d'un tel milieu, que, si l'on exalta outre mesure l'imagination des deux enfants dans les idées révolutionnaires, on respecta leur jeune âge au point de vue moral, en leur cachant autant que possible les désordres d'une vie de bohème, qu'ils soupçonnèrent trop tôt et pratiquèrent ensuite trop longtemps (1).

Ces débuts font deviner ce que serait plus tard la carrière artistique d'Hermann. Le travail musical fut néanmoins opiniâtre ; les exercices de piano lui prenaient jusqu'à quatorze heures par jour. Un clavier muet lui permettait de les prolonger sans trop fatiguer ses voisins ; ce clavier n'était composé que de deux octaves, et se plaçait indifféremment sur les genoux, sur une table, sur les couvertures d'un lit où l'on reposait ; ainsi le jeune pianiste pouvait exercer ses doigts même pendant les insomnies de ses nuits ; et pour éviter les ennuis de ce monotone labeur mécanique, il lisait en même temps, surtout les romans de George Sand, les poésies de Musset, et toute la littérature romantique de l'époque. En se rompant au mécanisme, il menait de front ses études d'harmonie et de composition, de manière à devenir rapidement l'orgueil de Liszt, son maître.

_______

(1) Confidence du P. Augustin à un ami.

Maître, il le devint bientôt lui-même. Ses leçons recherchées, et ses concerts très courus, lui fournissaient d'énormes ressources ; mais sa vie mondaine et sa passion du jeu les dissipaient au jour le jour, et plus d'une fois il se trouva au dépourvu, notamment dans une circonstance où quelque temps plus tard il se trouvait seul à Venise...

Il avait perdu son argent, ses effets, son piano lui-même, qui le suivait pour ses concerts.... Et quand sa mère et sa sœur vinrent afin de le dégager de cette situation, ayant reçu d'elles quelques billets de banque, pour solder ses dettes, et se faire rendre son piano et ses vêtements, il succomba à la tentation d'entrer dans un tripot, avec l'espérance de regagner les pertes qu'il avait faites... Il en sortit décavé, et n'eût été l'ingéniosité dévouée de sa sœur Henriette, qui apaisa sa mère, et la notoriété de la famille Cohen dans le monde financier, qu'allaient-ils devenir tous les trois, lorsque ses détrousseurs refusaient même de lui *prêter,* pour donner un concert, son piano joué et perdu ?...

Nous ne pouvons raconter en détail ici les années de cette vie malheureuse d'artiste et de dissipateur. On la devinera aisément aux allusions qu'il y fait lui-même, dans la préface de ses quarante cantiques au S. Sacrement. Nous la transcrivons cette éloquente préface, parce que le recueil de ces cantiques est devenu rare, et qu'à elle seule elle révèle son triste passé et fait entrevoir son glorieux et saint avenir.

L'heure approchait d'une brusque et à jamais bénie transition.

L'art avait rapproché jusqu'à l'intimité Hermann Cohen et le prince de la Moscowa, (Napoléon Joseph Ney), grand artiste lui-même. Foi conservée ou amour de l'art, Ney avait accepté de diriger les chœurs du *Mois de Marie* dans l'église de Ste-Valère (1). Un soir qu'il était empêché, il pria Hermann de le remplacer, et l'artiste juif tint le piano pour une cérémonie chrétienne. C'est là que le coup de foudre allait le frapper.

Nous n'essaierons pas de dire ce qui se passa alors dans son âme, et peut-être à ses regards, au moment de la bénédiction

---

(1) Cette église n'existe plus ; elle disparut dans les démolitions exigées pour le remaniement de Paris, entrepris par Haussmann aux ordres de Napoléon III.

du S. Sacrement. Lui-même y a fait mille fois allusion, sans le raconter jamais, se renfermant dans cette parole des Saints Livres : « Mon secret est à moi. *Secretum meum mihi.* » (Isaïe XXIV, 16.) Ce qu'il y a de certain, c'est que l'artiste, juif plus ou moins fidèle, sortit de Ste-Valère chrétien de conviction. Il y revint le lendemain pour y assister à toutes les messes, et ainsi tous les jours. Il partageait ses après-midi entre ses leçons d'artiste, et son instruction de catéchumène sous la direction de M. l'abbé Legrand, promoteur de l'archevêché de Paris, devenu depuis curé de S. Germain l'Auxerrois et vicaire général. Enfin dans un voyage à Ems, où il se rendit pour donner un concert, l'évènement de Ste-Valère se renouvela pour lui à l'élévation d'une messe, à laquelle il assistait, et de retour à Paris, il hâta l'heure de son baptême. Il fut baptisé enfin, dans la chapelle de N.-D. de Sion (1), par M. l'abbé Legrand, assisté du P. de Ratisbonne, le 29 août, en la fête de S. Augustin, dont il prit le nom, et qu'il se proposa d'imiter dans son apostolat, comme il ne l'avait que trop imité dans ses égarements.

La duchesse de Rauzan, qui avait été sa marraine, le reçut dès lors dans son hôtel, comme un Enfant Prodigue, revenu à lui sans pouvoir, hélas ! regagner le toit paternel, dont sa conversion l'avait exclu. Plus tard il demanda une cellule de retraite aux RR. PP. Maristes de la rue Montparnasse. C'est alors qu'il composa ses trente-deux cantiques : *Gloire à Marie,* en l'honneur de la Ste-Vierge. Il les dédia à sa bienfaitrice, qui l'avait présenté aux fonts baptismaux, et conduit pour la première fois à la Table Sainte.

Dans cette première composition chrétienne, on sent déjà le nouveau souffle qui l'anime, mais avec quelques réminiscences du genre mondain et théâtral, qu'il avait jusque là cultivé.

Les heures qu'il ne consacrait pas à l'adoration du S. Sacrement, ou à la composition de ses cantiques, étaient employées à l'étude raisonnée de la religion, dont il avait eu l'intuition à Ste-Valère et à Ems; mais dont il voulait connaître à fond toute la dogmatique.

M. l'abbé de la Bouillerie, vicaire général de Paris, et plus

---

(1) Disparue, comme Ste-Valère.

tard **Evêque de Carcassonne**, en attendant qu'il devint coadjuteur du Cardinal Donnet avec le titre d'Archevêque de Perga,
continuait auprès d'Hermann l'œuvre de M. Legrand; il était
devenu son confesseur, et son aide principal dans la fondation
de l'Adoration nocturne du T. S. Sacrement. Le néophyte voyait
aussi le R. P. Lacordaire.

C'est lui qu'il consulta sur le choix de sa vocation ; car c'en
était fait de sa vie artistique... Fils d'Israël, il rêva d'instinct
d'entrer dans l'Ordre du Carmel, il s'en ouvrit au restaurateur
de l'Ordre Dominicain. Lacordaire avait parfois une manière
assez brusque de décider sur des vocations religieuses de jeunes convertis ; on en cite quelques exemples. Pour le néophyte
Augustin, voici en quels termes, il s'exprima : « Vous, reli-
« gieux, Hermann ! ! !... Etes-vous homme à vous laisser traîner
« tout nu sur la place de la Concorde, et a y être flagellé et
« couvert de crachats pour le nom de Jésus-Christ ?... » La réponse ne se fit pas attendre : « Oui, mon Père ! » (1) Et la réplique fut soudaine : « Eh bien ! Faites-vous moine ! »

C'est sur cette décision qu'Hermann arriva le 19 juillet 1849
à l'Ermitage (v. p. 21). Le P. Dominique l'y accueillit, les bras
ouverts ; mais à sa demande d'entrer comme religieux au Carmel, il dut répondre que la règle ne permettait pas de l'admettre si nouvellement converti. « Cependant, ajouta le vénéré
« Père, faites votre retraite, puis allez à notre noviciat du
« Broussey, et je vais écrire à Rome pour solliciter une dis-
« pense. »

Hermann fit sa retraite, et sa vocation, déjà indiquée par le
P. Lacordaire, y devint inébranlable. Prévoyant que la demande
écrite du P. Dominique souffrirait des lenteurs, il se décida à
partir lui-même pour Rome, et au plus tôt. Nous n'avions alors

---

(2) Cette brève réponse ne doit pas étonner après celle qu'il avait faite à Alfred
de Musset, après son baptême, peu de jours avant le 10 décembre 1848. Musset
lui écrivit alors ce court billet : « Cher Hermann, le général Cavaignac ne veut
« pas de la *Marseillaise* pour chant patriotique. Il me demande d'en composer
« un. Viens ce soir. Je ferai les vers, tu feras la musique. Nous voilà immortels!
« A toi ! Alfred. » Voici la réponse : « Cher Alfred, j'aspire à une autre immor-
« talité. Depuis que je ne t'ai pas vu, je suis devenu chrétien. A Dieu !... Her-
« mann. »

ni chemins de fer, ni services maritimes à vapeur. Voyageur de la dernière heure, au départ des voitures, il accepta une place parmi les valises, sous la bâche d'une diligence, et trois jours après, malgré les fatigues d'un si pénible trajet, il s'embarqua à Marseille, en troisième classe, (ce n'était pas dans ses habitudes), sur un navire à voiles, qui appareillait pour Civita-Vecchia. A peine arrivé dans le golfe de Gênes, le bateau éprouva une panne... Plusieurs heures passèrent, et pas un souffle ne donnait espérance de la voir finir. Les passagers s'impatientaient, le capitaine était de mauvaise humeur. Un voyageur se hasarda de lui demander combien cela pourrait durer encore : « Monsieur, lui répondit le vieux loup de mer, « peut-être trois heures, peut-être trois jours, peut-être trois « semaines .. » C'était sans réplique. Un autre voyageur plus avisé, s'ennuyant au salon des premières, entreprit, pour se distraire, la visite de fond en comble du navire, et arrivant à la troisième classe, il s'arrêta stupéfait devant Hermann, encore poussiéreux de ses trois jours de diligence. Il court au capitaine, et lui dit, en riant : « Mais notre panne est une bonne fortune. « Nous avons un piano au salon, et Hermann à bord. Qu'il nous « donne un concert!» L'entourage battit des mains, le capitaine se dérida... Le concert eut lieu aux applaudissements de l'auditoire... Quand le vent souffla dans les voiles, un plaisant s'écria, dit-on : « Puisse-t-il nous pousser jusqu'au détroit de « Messine, et nous ménager un autre concert ! »

Hermann n'était pas de cet avis. Il lui tardait d'aborder à Civita-Vecchia, et d'arriver à Rome. Il ne voyagea plus en troisième classe, on le pense bien... Il partagea la cabine du capitaine. Il débarqua enfin, salua du cœur, en passant, le rivage d'Ostie, où St-Augustin et Ste-Monique, sa mère, eurent leur vision du ciel ; il y aurait volontiers fait une halte, mais Rome l'appelait.

Sa grande affaire y marcha rapidement, grâce aux recommandations qu'il portait, et à une notoriété qui l'avait devancé. En octobre, il était de retour, prenait l'habit, et commençait son noviciat. Un an après, il faisait sa profession, et le 16 octobre 1850, il revenait à l'Ermitage (1).

______

(1) Celui qui écrit ces lignes peut-il ne pas dire son émotion de séminariste,

Il y était attendu, avec quelle impatience ! Il y fut reçu, avec quelle délicatesse !... Un piano l'y avait devancé, mais il ne devait servir qu'à la composition de ses cantiques, et en particulier de celui où il fit ses *Adieux au monde* (1).

Deux fois pourtant il consentit, par obéissance, à faire entendre quelques réminiscences de ses concerts ; ce fut en faveur du Petit Séminaire. Une première fois, au cours d'une promenade qui fit halte à l'Ermitage, il exécuta une grande fantaisie sur l'opéra de Charles VI, alors en vogue ; et un peu plus tard, quelques autres pièces de son répertoire... Mais il obtint de ses supérieurs de ne plus céder aux instances qui lui seraient faites, de s'adonner exclusivement à l'harmonium et à l'orgue, et de ne plus jouer qu'aux offices religieux. L'autorisation donnée, l'engagement fut pris, et rigoureusement tenu. — Quel fut le sacrifice ?... Comme la conversion de Ste-Valère, c'est le secret de Dieu (2).

---

jeune rhétoricien, présenté, sur le bateau même qui le conduisait du noviciat à Agen, au grand artiste d'hier, devenu l'humble religieux du Carmel ? D'autant que cette présentation devait arriver à une amitié intime, qui fut si éprouvée en 1870 d'abord par une séparation cruelle, et bientôt après par une sainte mort ; mais qui survit toujours jeune au cœur de l'octogénaire, bien près de rejoindre l'ami au ciel.

(1) En voici la première strophe :

> De tes erreurs, triste monde,
> Mon cœur n'est plus agité.
> Respecte ma paix profonde,
> Et ma douce obscurité !...
> Longtemps, hélas ! dans tes fêtes,
> J'aimai tout excepté Dieu...
> Je brise avec tes tempêtes...
> *Monde, pour toujours adieu !...*

A la poésie, que ne pouvons-nous joindre la musique, et l'entrain qu'y mettait le compositeur en l'exécutant !

(2) Quelques années plus tard, cet engagement fut mis à une pénible épreuve. Lorsque le P. Augustin fonda le couvent de Bagnères, Mgr Laurence, Evêque de Tarbes, qui ignorait son sacrifice, et qui l'avait pour hôte en son palais épiscopal, crut pouvoir inviter à une soirée l'élite de la société Tarbaise. Un piano avait été secrètement porté au grand salon ; à sa vue, le pauvre Père tomba à genoux aux pieds du vénérable Evêque, et lui dit le vœu auquel il avait été autorisé... Quelle déception pour tous !... Mais quelle secrète admiration pour l'artiste qui avait renoncé à tout, même à son piano, en devenant religieux !

Dès lors, et avant de commencer son cours de philosophie et de théologie, le P. Augustin, fut tout entier aux *Ordinations* prochaines, qui se préparaient pour lui. On l'appliqua exclusivement à l'étude des traités de l'*Eucharistie* et des *Saints-Ordres* ; et en vertu d'une dispense venue de Rome, il fut *Tonsuré,* promu aux *Ordres-Mineurs,* et ordonné *Sous-diacre,* le 22 décembre 1850. Le même jour, le R. P. Dominique recevait l'investiture de *Vicaire Provincial.* (V. plus haut, p. 23.)

Une semaine fut consacrée à une retraite d'action de grâces et de préparation, et le 1er janvier 1851, le nouveau Sous-diacre était promu au *Diaconat.* Trois mois et demi allaient s'écouler dans le recueillement de la reconnaissance pour les faveurs qui s'étaient si rapidement multipliées, et dans les ravissements d'une espérance qui allait y mettre le comble par le *Sacerdoce.*

C'est alors que le R. P. Dominique voulut utiliser, au profit de la piété chrétienne et à l'honneur de la Ste-Eucharistie, le talent de son grand artiste, devenu le plus humble de ses fils. « Mon cher frère Augustin, lui dit-il dès les premiers jours de « janvier, vous me servirez la messe chaque matin, vous y communierez, et comme action de grâces vous vous retirerez « dans une des grottes du rocher, où j'ai fait placer un piano, « afin d'y composer quarante cantiques en l'honneur du S. Sacrement. Ce sera pour vous une longue oraison des *quarante* « *heures* ».

Ce fut, en réalité, pour le néophyte comme la quarantaine du Mont-Sinaï. En quarante jours, en effet, les quarante cantiques furent composés. L'*Imprimatur* du R. P. Vicaire Provincial fut donné le 14 mars, l'approbation de l'Ordinaire signée le 17 par Mgr de Vésins, et l'œuvre immédiatement livré à la gravure sous le titre de : « *Amour à Jésus-Christ !* »

On ne sait ce qu'il faut le plus y admirer, du talent de l'artiste ou de la piété communicative du religieux. Les réminiscences mondaines ont complètement disparu, la mélodie part d'un cœur embrasé au contact de la divine hostie ; l'harmonie est savante avec une allure sans labeur. Le succès fut immense.

Ne pouvant analyser ici, au point de vue musical, ces quarante compositions inspirées, nous en transcrirons au moins la préface, qui nous révèlera à elle seule toute l'âme de l'artiste et du converti (1).

# DÉDICACE

## Des Quarante Cantiques au S.-Sacrement

Divine Eucharistie ! Hostie sacrée qui Vous immolez chaque jour sur l'autel pour expier mes crimes...

O Jésus adoré, Agneau sans tache, qui ne cessez de répandre votre Sang Divin pour apaiser la justice de Votre Père Céleste...

Victime innocente et trois fois Sainte, qui payez pour le coupable une rançon infinie de mérite et de sacrifice ;... Je veux Vous chanter des cantiques d'amour et de jubilation ! ! !

O Sacrement adorable, Source enivrante où mes lèvres altérées boivent à longs traits les prémices de la vie éternelle... Mon cœur déborde de joie... il a besoin de Vous bénir et de dire Vos louanges en des hymnes d'allégresse et d'action de grâce ; car j'apprends que mes frères de Paris jouissent maintenant d'un bonheur ineffable : tous les jours ils Vous voient ouvrir la porte de Votre prison d'amour, pour Vous exposer à leurs regards éblouis, et Vous offrir à leur adoration perpétuelle ! !

Et les cloches de la capitale s'ébranlent pour Vous annoncer ; et les processions déploient leurs bannières pour Vous conduire en triomphe ; et le Premier Pasteur établit, dans les églises où l'on va Vous adorer, un culte solennel et magnifique...

Il invite les chrétiens à orner Vos autels, il appelle Vos enfants à venir Vous chanter des hymnes et des cantiques ; il

---

(1) Aujourd'hui que les années du privilège d'auteur sont expirées, il appartiendrait à un éditeur intelligent de reproduire l'œuvre du P. Hermann, qui est devenu rare, et qui se compose de quatre recueils : 1° *Gloire à Marie*, dont nous avons parlé ; 2° *Amour à Jésus-Christ*, les quarante cantiques au S. Sacrement ; 3° *Fleurs du Carmel*, et 4° *Le Thabor*, dont nous parlerons.

préside lui-même à cette fête admirable qui se perpétue de Sanctuaire en Sanctuaire, fête qui n'a pas de lendemain, et prélude ainsi à cette adoration éternelle qui doit faire la félicité de vos prédestinés, couronnés dans les Cieux.

Enfin, comme si nous assistions à une résurrection des premiers siècles de notre Eglise, et pour mettre le comble à la tendresse de son troupeau choisi, l'Auguste et pieux Archevêque institue pour tous les trois jours une communion générale...

A cette nouvelle, ô mon Dieu, ma poitrine se dilate ; des larmes de joie mouillent mes paupières, et ma pensée me transporte sous ces parvis fortunés, où la foule de Vos enfants chéris vient recevoir avidement au pied de Votre tabernacle : *le Pain descendu du Ciel, le gage de notre immortalité !*

Quel triomphe pour la foi ! quel heureux augure pour la France !... Non, ô mon Dieu, Dieu de bonté, Père des miséricordes, Vous ne laisserez pas périr un pays où l'on Vous donne de si fervents témoignages d'une sainte dilection ; où tant d'âmes vont s'empourprer de Votre sang, versé pour le salut du monde.

Bénissez le Prélat qui éternise la mémoire de son Episcopat par un acte aussi glorieux, inscrivez son nom pour toujours dans le livre de Vos élus.

Bénissez ces nombreux et fidèles amis qui se pressent autour de Vos saints autels ; embrasez-les de plus en plus de ce *feu que Vous êtes venu apporter sur la terre*, et dont les torrents jaillissent de votre Hostie d'amour.

Pour moi, que Vous avez *conduit dans la solitude pour me parler au cœur ;* pour moi, dont les jours et les nuits s'écoulent délicieusement dans les célestes conversations de Votre Présence adorable, entre les souvenirs de la Communion d'aujourd'hui et les espérances de la Communion de demain... dans l'union amoureuse d'un Dieu avec la plus pauvre de ses créatures...

J'embrasse avec transport les murs de ma cellule chérie, où rien ne me distrait de mon unique pensée ; où je ne respire que pour aimer Votre Divin Sacrement ; où, délivré du fardeau des biens périssables, dénué de tout ce qui retient à la terre, et brisant les entraves qui captivent les sens, je puis, comme la

colombe, prendre mon essor, et m'élever vers les régions éthé-
rées du Sanctuaire ; percer les mystérieuses nuées qui envelop-
pent Votre tabernacle ; m'exposer aux rayons pénétrants de ce
beau Soleil de grâce, et me plonger dans cet océan de lumière,
pour me consumer aux flammes de cette fournaise ardente...

Puis, m'abritant sous l'ombre rafraîchissante de cet Arbre de
vie, j'en respire les fleurs, j'en savoure les fruits..., je me laisse
bercer doucement au son de Vos suaves paroles, et m'endors,
ivre d'amour et de bonheur, aux pieds de mon Bien-Aimé...

*Hæc requies mea in sæculum sæculi ; hic habitabo quoniam
elegi eam.*

Mais tandis que mes genoux creusent, à Vous adorer, le sol
béni du silencieux Carmel, ma voix ne pourrait-elle, franchis-
sant l'espace, se mêler aux hymnes de la grande ville ?

Vous m'avez donné, Dieu d'amour, un langage d'harmonie.
Resterai-je muet à ce culte qu'on Vous rend ? — Si Vos amis,
ô Divine Eucharistie, s'émeuvent pour Vous glorifier, n'ai-je
pas aussi un Hosanna à chanter à Votre gloire, et un rameau
de palmier à porter sous Vos pas ?

Ne suis-je pas moi-même un trophée vivant de Vos victoires
sur le prince de ce monde, sur le mal, sur l'impiété, sur les
passions terribles ; un trophée de victoire, que Vous avez cloué
à votre Autel ?...

O Jésus adoré, je dois mêler mes chants aux hymnes de
Paris ! Car c'est dans la grande cité, et caché sous les voiles
eucharistiques, que Vous m'avez dévoilé les vérités éternelles ;
et le premier Mystère que Vous révélâtes à mon cœur, ce fut
Votre présence réelle au Très-Saint Sacrement.

Ne voulais-je pas, juif encore, m'élancer à la table-sainte,
pour Vous porter à mon cœur éperdu ? Et si j'ai demandé le
Baptême à grands cris, n'était-ce pas surtout pour m'unir à
Vous ? Inquiet, soupirant après ce beau jour de ma vie, je
pleurais de jalousie, en voyant communier ; je dévorais des
yeux cette petite hostie, où Votre amour pour les hommes em-
prisonne un Dieu infini...

Ce que Vous fîtes alors pour me consoler d'une douloureuse
attente, je ne peux le dire ici : *Secretum meum mihi.*

Enfin, admis à ce banquet des cieux, j'y puisai une force inconnue contre moi-même. Cette chair Divine me transforma en un homme nouveau ; ce talisman me préserva des assauts d'un monde tentateur ; ce trésor me détacha de tout ce qui, autrefois, me subjuguait en maître.

Une soif toujours plus brûlante me poussait à cette *source d'eau vive* ; *je me sentais dévoré, pour ce froment des élus,* d'une faim de famélique.

Pour Vous contempler à souhait, les heures du jour s'envolaient trop vite ; j'appelai à moi des chrétiens, brûlant du même feu ; et nous allions passer les nuits dans Vos églises. Un saint prêtre nous guidait. Le soir, sa main Vous exposait sur l'autel... et l'aurore nous retrouvait agenouillés encore devant Votre Splendeur...

Nuits inénarrables ! *que ma langue s'attache à mon palais et que ma main se dessèche, si jamais je vous oublie !* — Dans ces nuits célestes, ô mon Jésus, Vous m'attiriez à vous par un charme si irrésistible, par un charme si doux, si tendre et si aimable..., que le dernier fil se rompit entre moi et le monde, et je courus loin des villes, me jeter dans Vos bras, pour vivre tout à Vous, sans partage, à jamais !

Ne faut-il pas que je vous chante des hymnes d'allégresse ?

N'est-ce pas Votre Sacrement qui a fait tout cela, qui m'a fait renoncer aux séduisants plaisirs, pour une salutaire pénitence; au faste et aux grandeurs, pour l'humble sac de bure ; à l'éclat de la renommée, pour l'obscurité du couvent ?...

Et non content des grands vœux solennels qui me consacrent à Vous dans l'Ordre de Marie, et rendent mon âme Votre épouse pour l'éternité, Vous exigez de moi dans Votre amour jaloux, encore un vœu spécial à Votre Divin Sacrement; un vœu qui me lie par des liens indissolubles à l'amour de l'amour...

Qu'ils viennent donc maintenant, ceux qui m'ont connu autrefois, et qui méprisent un Dieu, mort d'amour pour eux... Qu'ils viennent, et ils sauront si vous changez les cœurs !

Oui, mondains, je vous le dis, prosterné devant cet amour méconnu :

Si vous ne me voyez plus m'évertuer sur vos tapis soyeux, pour mendier des applaudissements, briguer de futiles honñeürs ; c'est que j'ai trouvé ma gloire dans l'humble tabernacle de Jésus-Hostie ; de Jésus-Dieu.

Si vous ne me voyez plus jouer sur une carte le patrimoine d'une famille entière, ou courir hors d'haleine, pour acquérir de l'or ; c'est que j'ai trouvé la richesse, le trésor inépuisable, dans le ciboire d'amour qui renferme Jésus-Hostie.

Si je ne viens plus prendre place à vos tables somptueuses, m'étourdir dans vos fêtes frivoles ; c'est qu'il est un festin de délices, où je me nourris pour l'immortalité, où je me réjouis avec les Anges du Ciel ; c'est que j'ai trouvé le bonheur suprême ; oui, *je l'ai trouvé le bien que j'aime, il est à moi, je le possède, et qu'on vienne m'en dessaisir !*

Pauvres richesses, tristes plaisirs, humiliants honneurs, que ceux que je pourchassais avec vous... Mais maintenant que mes yeux ont vu, que mes mains ont touché, que sur mon cœur a palpité le cœur d'un Dieu, oh ! que je vous plains, dans votre aveuglement, de poursuivre des plaisirs, impuissants à remplir le cœur !

Venez donc à ce *banquet céleste, qui a été préparé par la sagesse éternelle ;* venez, approchez-vous ! Laissez-là vos hochets, vos chimères ; jetez loin de vous ces haillons trompeurs qui vous couvrent. Demandez à Jésus la robe blanche du pardon ; et, avec un cœur nouveau, avec un cœur pur, abreuvez-vous à la fontaine limpide de son amour. Croyez-moi ! maintenant que votre Divin Sauveur, pour vous donner audience, monte tous les jours sur son trône dans vos églises, il vous écoutera avec encore plus de clémence. Jetez-vous à ses pieds ; donnez-Lui votre cœur, et il vous bénira, et vous goûterez des joies, mais des joies si immenses que je ne puis vous les décrire, si vous n'allez les goûter. *Goûtez et voyez combien le Seigneur est suave !*

O Jésus, mon amour, que je voudrais donc embraser mes amis d'autrefois de l'ardeur qui m'enflamme ! que je voudrais leur montrer le bonheur que vous me donnez. — Non, j'ose le dire, si la foi ne m'enseignait que vous contempler au Ciel, est une joie plus grande encore, je ne croirais jamais possible qu'il y existât de plus grande félicité que celle que j'éprouve à Vous aimer dans l'Eucharistie, et à Vous recevoir dans mon pauvre cœur, si riche par Vous... Quelle paix délicieuse ! quelle béatitude ! quelle sainte allégresse!..

Si le Roi David dansait devant l'Arche qui Vous figurait, ô mon Alliance véritable, en quels élans de joie, en quels chants de triomphe ne dois-je pas éclater !...

Mais, hélas! je m'arrête interdit, abattu : car mes cantiques n'ont point ce feu de l'amour que j'aurais voulu exprimer ; et je reste impuissant, au-dessous de ma tâche...

C'est à Vous, ô mon Dieu, que je viens recourir ; prêtez-leur cette vertu secrète dont Vous avez su me charmer ; et alors, tels qu'un brandon lancé dans la mêlée, ils allumeront un incendie d'amour pour l'adorable Hostie ! ! !

Ainsi soit-il.

Agen, couvent des Carmes déchaussés,
      Mars 1851.


A la lecture de ces pages, qui servent de dédicace aux quarante cantiques, on devine aisément quelle fut au jour le jour sa préparation au sacerdoce, et quelles émotions lui réservaient son ordination du Samedi-Saint, 19 avril 1851, et sa première messe du lendemain, en la grande fête de Pâques.

Il était encore dans le ravissement des premières journées de son action de grâces, qui devait durer vingt ans sur la terre, et se continuer éternellement au ciel, quand Mgr de Vesins, ému par tout ce qu'il y avait d'extraordinaire dans sa conversion et dans ses progrès à pas de géant aux initiations de la vie ascétique, crut pouvoir céder à des instances qui semblaient prématurées.

Le vénérable Archiprêtre de la cathédrale, Monsieur Deyches, d'inoubliable mémoire, eut la pensée d'une grande fête dans son église pour le jour de la Sainte-Trinité, fête dont le nouveau Père Augustin serait le héros. Il composerait un cantique spécial pour la circonstance; sous ses doigts, un piano tiendrait lieu des belles orgues, non encore installées, et enfin il serait lui-même l'*Orateur* pour le sermon des vêpres. Ce dernier point du programme pouvait paraître bien téméraire. Composer un cantique, tenir le piano et en tirer de grands effets, dans un vaisseau qui ne dépassait pas les dimensions d'une vaste salle de concerts, n'était qu'un jeu pour l'artiste ; mais débuter dans la chaire, devant un imposant auditoire, et traiter d'un mystère qui avait été comme le champ de bataille des hérésies, aux premiers siècles qui suivirent les persécutions, n'était-ce pas au-dessus des forces du néophyte le mieux doué ? L'excellent archiprêtre, lui, ne doutait de rien ; Mgr l'Evêque s'en remit au jugement expérimenté du R. P. Dominique. Le Vicaire Provincial demanda quelques jours de réflexion, et il les employa à exposer à son bien-aimé disciple le traité de la *Sainte-Trinité*, de St-Thomas, pour le préparer à sa prédication en perspective, comme il lui avait exposé le traité des *Saints-Ordres* et de l'*Eucharistie*, pour le préparer à ses ordinations. Une semaine après, il donna sa réponse affirmative, et on prépara la fête.

Elle fut splendide. Mgr de Vesins la présidait, le P. Dominique y occupait une place d'honneur, entouré de quelques-uns de ses religieux ; le clergé remplissait les stalles, une foule immense se pressait dans l'enceinte. L'artiste ne fut jamais mieux inspiré, et l'orateur débuta par un coup de maître. Son discours, composé sous la direction de l'ancien professeur de Pampelune, et dans tout l'élan d'un apostolat à son début, enleva l'auditoire : l'orateur était au niveau de l'artiste.

Dans l'assemblée ravie, on avait peu remarqué un groupe étranger, dont les cœurs durent être particulièrement émus ; c'étaient quatre membres de la famille Cohen : la mère d'Hermann, sa sœur Henriette, son beau-frère M. Rhaunheim, et son neveu Georges, bien jeune encore.

Avec une délicatesse, dont sa grande âme était coutumière, Madame la Supérieure de l'hospice S. Jacques, sœur Cécile, bien connue dans le monde sous le nom de Mère Chalabre, avait eu la pensée d'attirer Madame Cohen au premier triomphe religieux de son fils.

Jouissant d'une belle fortune, qui lui venait de sa famille, elle avait racheté, près d'Agen, le château de Montbran, résidence qui servait de villégiature à nos Evêques, avant la

Révolution. Elle l'offrit à la famille Cohen comme pied-à-terre, pour la rapprocher, quelques semaines, du converti, qui n'avait pas cessé d'aimer les siens en se donnant à Dieu. La fête qu'on préparait à la cathédrale pour le jour de la Sainte-Trinité fut un prétexte tout naturel à l'invitation, qui n'en causa pas moins une grande surprise ; mais à la surprise succédèrent bien vite d'autres sentiments dans le cœur de la mère. Revoir son fils, même après sa désertion de la synagogue ; assister à un triomphe d'un nouveau genre, dont il allait être le héros !... Elle n'hésita guère. Elle partit, avec sa fille, son gendre et son petit-fils. Ils étaient là au jour de la fête, goûtant mieux que personne le talent connu du pianiste, et l'éloquence de l'Orateur, qui leur était une révélation. Ils furent particulièrement frappés, à l'exécution du cantique, qui suivit le sermon, et dont nous reproduisons les paroles, seul écho qui nous reste de cette grande journée.

## _ BONHEUR ET LARMES [1]

Loin de Jérusalem, la cité de mes pères,
Comme un prêtre insensé, qui, bravant les mystères,
Profanerait les autels du Saint-Lieu,
J'ai profané l'exil, en chantant Babylone...
La gloire et les plaisirs m'offraient une couronne,
Et j'oubliais ma patrie et mon Dieu !

Mais le Dieu qui mena Raphaël à Tobie,
Et qui sauva Moïse à la merci des flots,
Comme un astre à mon cœur donna l'Eucharistie...
Et suivant ses rayons, je gagnai la patrie,
Où mon cœur débordé publie
Mon bonheur à tous les échos !...

Et pourtant quelquefois, auprès des Tabernacles,
La tristesse à mon cœur rend de sombres oracles !...
Posant mon luth aux autels du Seigneur,
Je prie alors, je pleure, et je songe à ma mère !
Ah ! pourquoi pour le fils patrie et sanctuaire,
Et pour la mère exil, larmes, malheur ?...

(1) Le cantique, (paroles et musique,) se trouve au recueil des œuvres du P. Hermann intitulé : *Fleurs du Carmel.*

> Eucharistie, ô flamme, ô lumière divine !
> Sur ma mère en exil fais lever ton beau jour !
> Je veux qu'avec mon cœur son pauvre cœur chemine ;
> Rends la mère à son fils, viens essuyer mes larmes !
> Et mère et fils, sans plus d'alarmes,
> Dormiront dans le même amour.

On devine aisément quelles impressions dut produire sur sa famille ce chant, dirigé et accompagné par le compositeur lui-même, dans cette cathédrale, à la suite du sermon qu'on venait d'entendre. Sa mère, malgré son vieil attachement au judaïsme, en venait à lui pardonner de s'être fait chrétien et religieux. Sa sœur était rayonnante, sans laisser deviner la secrète pensée de son cœur.

La conversion de son frère à Paris, où elle était déjà, à cette époque, avec son mari et son enfant ; les conversations intimes qu'ils eurent, la correspondance confidentielle qui s'en suivit, avait profondément ébranlé son âme, et l'heure était venue pour elle d'une abjuration, qui devait être au cœur du P. Augustin la première consolation de son apostolat. La résolution fut prise de lui administrer le sacrement de baptême. La Mère Chalabre et le P. Dominique en eurent la confidence, et une autre âme d'élite y fut initiée, pour faciliter l'exécution du projet mystérieux : Madame Veuve de Fontenoy, qui habitait sa villa de Pélissier, sur les bords de la Garonne.

En quelques jours tout fut combiné.

Monsieur Rhaunheim, grand artiste graveur, avait accepté une invitation de deux journées, pour aller photographier les environs de Penne et la chapelle de Peyragude, où le P. Augustin avait fait, dès les premiers jours du mois de mai, un pèlerinage d'action de grâces à la fois pour son ordination sacerdotale, et de supplication pour la conversion des siens. Ce moment parut providentiellement ménagé.

Madame de Fontenoy invita à sa villa Madame Cohen, Madame Rhaunheim avec le petit Georges, pour le temps que durerait l'absence. Elle distribua les appartements avec un tact qui ne laissa rien soupçonner. Madame Cohen devait prendre son petit-fils dans une chambre un peu écartée ; Madame Rhaunheim serait près de la chapelle, à côté de Madame de

Fontenoy... La soirée finie, on se sépara, mais tous ne dormirent point.

Sur ces entrefaites, vers dix heures, le P. Augustin arrivait à la villa, et se blottissait dans l'orangerie avec le P. Charles (de Cardenal). A minuit, la chapelle était illuminée, le frère de la catéchumène, revêtu de l'aube et de l'étole, et assisté de son confrère, qui allait servir de parrain, attendait à l'autel. Madame de Fontenoy, la marraine, parut, conduisant par la main Madame Rhaunheim en robe blanche. Ce fut une scène des Catacombes. Après le baptême, la messe et la première communion, qui devaient être suivies de la confirmation, le jour suivant, dans la chapelle de l'Evêché.

M. Rhaunheim ignorait tout ; mais il raconta à son compagnon d'excursion (1) le songe étrange qu'il avait eu en cette nuit mystérieuse. « J'ai rêvé, disait-il, que j'étais au sommet « des Alpes. Un chœur de jeunes filles menait une ronde « aérienne aux cimes des rochers, quand l'une d'elles, se sépa- « rant de ses compagnes, est venue près de moi, en me sup- « pliant de la jeter dans un lac d'eau limpide qui s'étendait à « nos pieds... J'hésitais épouvanté, mais elle insistait avec « empire... Je l'ai saisie, en tremblant, et je l'ai précipitée... Je « me suis éveillé en sursaut sous le coup d'une telle émotion... « J'ai regardé ma montre,.. Il était minuit... » Minuit, l'heure du baptême de Madame Rhaunheim, dans la chapelle de Pélissier !

Quelques jours plus tard, le P. Augustin baptisait solennellement, dans la chapelle de l'hospice S. Jacques, une autre juive convertie, avec tous les rites que la Liturgie prescrit pour une abjuration. La famille Cohen y assistait ; Madame Rhaunheim tint le piano pendant la messe de son frère, où la néophyte fit sa première communion... Quels sentiments divers en toutes ces âmes !...

Une d'elles ne put absolument contenir les siens. Dans l'après-midi de cette journée, qui se termina à Pélissier, où Madame de Fontenoy avait invité un groupe d'amis autour de la famille,

---

(1) M. le Chanoine Delrieu, de Penne, préfet des études au Petit Séminaire, et restaurateur du Pélerinage de N. D. de Peyragude.

Madame Rhaunheim fit chanter à Georges, en l'accompagnant au piano, le premier des quarante cantiques au S. Sacrement, l'un des plus expressifs. Il suffit d'en transcrire le refrain et la première strophe, pour faire deviner quel sentiment avait inspiré le choix de la mère devenue chrétienne, la communiante de chaque jour qui rêvait, pour tous les siens et surtout pour son fils, du bonheur désormais et à jamais son partage.

> Pain vivant, pain de la Patrie !
> De désir et d'amour mon cœur est consumé.
> Ne tardez plus, Jésus, mon bien aimé !
> Venez, venez, Source de vie !
> Venez, venez ! Jésus mon bien aimé !

### Iʳᵉ STROPHE

Rien ne me satisfait dans ce vaste univers ;
Le monde à mon amour n'est qu'une terre aride.
J'ai soif de vrai bonheur, et son calice est vide,
Ah ! qui me nourrira dans ces tristes déserts !

> Pain vivant, pain de la Patrie !
> De désir et d'amour mon cœur est consummé.
> Ne tardez plus, Jésus, mon bien aimé !
> Venez, venez ! Source de vie !
> Venez, venez ! Jésus mon bien aimé !

Madame Cohen qu'on appelait un peu malicieusement dans l'intimité Maman Sara, pour son attachement obstiné mais sincère au judaïsme, entra au salon pendant ce chant, dont les paroles lui parurent d'un mysticisme suspect et dangereux pour Georges. Elle se hâta de demander à sa fille ce qu'elle lui faisait chanter. — « C'est un cantique *de mon frère*, répondit Madame « Rhaunheim. » — « Passe pour la musique, ajouta Maman « Sara ; mais les paroles peuvent impressionner l'enfant, et lui « inspirer de marcher sur les pas de son oncle. »

Georges goûtait en réalité déjà comme instinctivement les charmes du Christianisme, et nous le retrouverons dans quelques années devenu fervent chrétien.

Sans révéler les secrets qu'il fallait prudemment garder encore, le P. Augustin laissa tout entrevoir, dans une instruction émue qu'il fit à l'Ermitage, au reposoir de la Fête-Dieu, pour la seconde procession du Très-Saint-Sacrement. Sa famille était là encore ; mais elle se disposait à repartir.

Nous citerons deux mots caractéristiques et confidentiels des adieux.

Le P. Augustin dit à sa sœur, en souriant : « Je pense que tu « m'as pardonné la *fugue* qu'*Hermann* te joua à Venise... » — « Oui, répondit-elle, *Sa Révérence le Père Augustin* l'a réparée « par un inoubliable *Concerto*... »

Une parole de la marraine à sa filleule fut plus grave : « Chère « Henriette, lui dit Madame de Fontenoy, votre mari ne tardera « pas à comprendre que vous êtes chrétienne, et vous aurez « besoin d'être forte... Mais qu'il le comprenne à un redouble- « ment de délicatesse, de dévouement et de vertu ! »

La famille Rhaunheim repartit pour Paris ; Madame Cohen, après une courte halte, continua sur Hambourg ; mais le P. Augustin ne tarda pas à apprendre, par des lettres de sa sœur, des épreuves auxquelles il s'était attendu.

Pendant quelques temps tout fut à la joie. On rappelait les souvenirs d'Agen. Madame Rhaunheim, sous la recommanda-tion de son frère, était devenue professeur de piano et organiste du couvent de la Visitation, ce qui lui permettait d'assister à la messe et de communier tous les jours. Georges était placé comme élève dans un externat, son père avait repris ses tra-vaux de graveur ; mais la prévision de Madame de Fontenoy ne tarda pas à se réaliser. *A un redoublement de délicatesse, de dévouement et de vertu.* il devina bientôt que sa femme était chrétienne, et il s'ensuivit une scène qu'on devine, sans que nous ayons à la raconter. Il déclara qu'il ne reverrait plus son beau-frère... Mais la *vertu* triomphant de tout, peu à peu la paix revint au foyer, dont le P. Augustin était exclu... Cette exclusion pourtant ne l'empêcha pas de correspondre avec sa sœur par l'intermédiaire de la Visitation...

Ainsi se passèrent quelques années, Georges grandissait, et on peut dire qu'il grandissait en âge et en sagesse, sous l'in-fluence de sa mère Il l'accompagnait souvent à la chapelle du couvent, où elle tenait l'harmonium ; il avait ainsi l'occasion d'assister à la Ste-Messe et à d'autres exercices religieux... Il ne tarda pas même à exprimer le désir d'être baptisé, pour être chrétien et pouvoir communier. L'Eucharistie était déjà le talisman qui ravissait son âme, et quand sa mère revenait de la Sainte table, l'enfant ravi lui demandait naïvement de la baiser au cœur. Elle se prêtait volontiers à ces élans d'une piété instinctive, qui répondait si bien à ses désirs et à ses leçons.

On pense bien, en effet, que Madame Rhaunheim ne négligeait pas d'instruire son fils sur les mystères du christianisme ; et la grâce aidant, vint le moment où elle crut devoir céder aux instances qu'il faisait pour être baptisé. Tout fut combiné avec le P. Augustin, qu'une prédication, depuis longtemps sollicitée par l'œuvre de l'*Adoration nocturne*, son œuvre, appelait à Paris.

Mais pouvait-il venir à Paris sans voir son beau-frère ?... La diplomatie de Madame Rhaunheim aplanit les difficultés, et son mari consentit à recevoir Hermann, à condition qu'il jurerait, sur la tête de Georges, de ne le baptiser jamais. Cet engagement n'avait rien de compromettant : il n'était pas nécessaire que l'enfant, pour devenir chrétien, fût baptisé par son oncle. Le P. Augustin arriva, et fit le serment.

Georges avait dix ans ; il était relativement à son âge très instruit sur la religion, et il demandait la baptême à cor et à cri. Son oncle voulut l'éprouver sérieusement, mais un peu à la manière du P. Lacordaire, et il lui demanda sur un ton grave et solennel si après son baptême, il serait prêt à souffrir tous les tourments et à mourir pour Jésus-Christ. Sur la réponse ferme de l'enfant, il n'hésita plus, et sachant que Mgr de Langalerie, alors Evêque de Belley et plus tard Archevêque d'Auch, se trouvait de passage à Paris, il lui exposa la situation, et le pria de baptiser le jeune catéchumène. Georges reçut dans la même matinée les trois sacrements du Baptême, de la Confirmation et de l'Eucharistie. Il était chrétien, et parfait chrétien,... Il en donnera des preuves éclatantes dans la suite de sa vie.

M. Rhaunheim ignora quelques mois ce qui s'était passé ; mais des soupçons lui vinrent, aux allures qu'il remarqua dans son fils, et pour les éclaircir, il lui proposa un jour de redire ensemble la formule de leurs prières juives. Georges s'en défendit... timidement d'abord, mais très énergiquement ensuite, en s'écriant : « Je suis Chrétien ! » La scène qui éclata n'est pas plus à décrire que celle du jour où Madame Rhaunheim se révéla elle-même. Il y eut plus de violence encore... Et quelques heures après une voiture emportait, sans explication donnée, son mari et son fils. Elle restait seule, et une longue semaine s'écoula dans cet isolement. Enfin une lettre arriva de Hambourg. Elle était brève et cruelle : « Nous sommes à Ham-« bourg, Georges a renié son baptême. Si vous voulez l'imiter, « vous pouvez nous rejoindre. Rhaunheim. »

La pauvre mère pleura plus encore qu'elle ne pleurait depuis huit jours, mais se ressaisissant bientôt : « Non, dit-elle, « Georges n'a pas apostasié ! » Et laissant son adresse, afin que ses lettres puissent la suivre, elle part pour Agen, et vient raconter ses malheurs à son frère, à sa marraine et à la Mère Chalabre. Seuls ils pouvaient bien comprendre et soulager sa douleur. L'épreuve dura trois mois. Enfin une nouvelle lettre, adressée à Paris, arriva de Hambourg. Elle était moins amère, mais aussi brève : « Votre mère consent à vous recevoir, mal-« gré votre entêtement. Vous pouvez venir. Rhaunheim. »

Elle se hâta de partir, et de Paris annonça le jour prochain de son arrivée. Son mari l'attendit, et au moment où elle mit pied à terre : « Vous avez été bien naïve, lui dit-il, de croire « que vous seriez reçue chrétienne dans la maison de votre « père. Imitez Georges, qui est loin d'ici, ou allez à l'hôtel. » Il s'éloigna, et elle se rendit dans un hôtel, en se redisant à elle-même les paroles qu'elle venait d'entendre, mais préoccupée surtout de savoir où pouvait être Georges. Elle le sut bientôt. Il était dans une pension, à Harbourg, de l'autre côté de l'Elbe. Elle se hâta de traverser le fleuve, très large entre les deux villes, et demanda à voir son fils. Le directeur avait reçu des défenses expresses, il refusa ; mais c'était un jour de congé, ses élèves devaient faire une promenade dans l'après midi. Madame Rhaunheim se tint à l'affût, de loin elle reconnut Georges, qui sur un geste courut dans ses bras. Embrassements et larmes, et bien vite la question qui intriguait : « Georges, es-tu chré-« tien ? » — « Chrétien, maman ?... A la vie, à la mort ! Mais « depuis notre séparation, je n'ai pu communier ! » Touchante parole d'un enfant, affamé de la Sainte Eucharistie !

Sa mère combina bien vite un moyen de répondre à ce cri de la foi et du cœur. Elle avait déjà présenté une lettre de son frère à l'Evêque de Hambourg, qui connaissait la conversion d'Hermann... et la profession religieuse du P. Augustin... Elle vint à Lui, et le plan fut immédiatement arrêté. Un prêtre de l'Evêché accompagnerait Madame Rhaunheim à Harbourg, emportant mystérieusement deux hosties consacrées, obtiendrait que l'enfant lui fût confié, et dans une chambre d'hôtel transformée en chapelle, la mère communierait avec son fils. Un mot non moins touchant que sa plainte de la première entrevue : « Depuis notre séparation, je n'ai pu communier ! » fut prononcé par Georges, quand sa mère lui parla de se confesser avant la communion : « Me confesser !... Mais je n'ai pas de « péchés ! » Il reçut l'absolution néanmoins, et comme action de grâces après sa communion, il écrivit deux courts billets : un pour son oncle : « J'ai vu maman, et j'ai communié avec « elle ! » l'autre pour le R. P. de Ratisbonne, qu'il n'avait pas revu depuis son baptême : « Mon Révérend Père, depuis que « je ne vous ai pas vu, j'ai été baptisé, j'ai communié, et j'ai « souffert pour Notre Seigneur Jésus-Christ. »

Nous laissons désormais les familles Cohen et Rhaunheim, sauf à redire un mot des communions *quotidiennes* de Georges pendant la guerre de 1870. Le temps d'ailleurs, avec la grâce de Dieu, calma les esprits, adoucit les cœurs, la paix se fit. Les Cohen continuèrent d'habiter Hambourg, les Rhaunheim revinrent à Paris, et nous retrouverons le P. Augustin dans sa cellule de l'Ermitage ; mais disons ici les consolations spirituelles que devaient lui ménager les siens. Dix membres de sa famille se convertirent successivement au Christianisme. Hélas ! quelle ne fut pas sa douleur, en apprenant, à Lyon, où il prêchait l'Avent de 1855, que sa mère était morte le 13 décembre, sans avoir reçu le baptême !

Peu de temps après, il confiait ses inquiétudes au saint curé d'Ars. « Espérez, lui répondit l'homme de Dieu, espérez !... « Vous recevrez un jour, en la fête de l'Immaculée Conception, « une lettre qui vous apportera de grandes consolations. »

Cette parole n'était pas oubliée, malgré une longue attente, lorsque, le 8 décembre 1861, six ans après la mort de sa mère, un Père de la Compagnie de Jésus remettait au P. Augustin Marie une lettre qui peut se résumer en ces mots :

« Mon Très-Révérend Père, je suis une humble religieuse, « que vous ne connaîtrez probablement jamais... Je sais com- « ment, dans sa bonté infinie, Notre-Seigneur vous a appelé à « lui, et comment vous lui avez répondu... Je sais aussi quelle « a été une de vos prières les plus ardentes pour la conversion « de votre mère... Elle est morte, je le sais ; mais je sais aussi « qu'elle est morte avec le *baptême de désir*... vous laissant « l'espérance de la revoir au ciel. »

La mort de son père, arrivée quelques mois avant la réception de cette lettre, ne lui permettait pas d'en espérer une autre du même genre à son sujet.

Depuis son entrée dans la religion catholique, M. Cohen n'avait plus voulu voir Hermann, il l'avait même maudit et déshérité. Cet état de choses durait depuis douze ans, lorsque la maladie et l'approche de la mort firent ressouvenir à M. Cohen qu'il était père, et son cœur ne put supporter la pensée qu'il quitterait le monde sans avoir pu revoir son fils. Il lui fit donc écrire qu'il lui pardonnait, et qu'il l'appelait près de lui, à la condition toutefois qu'il ne se présenterait pas en habit religieux. Le Père Augustin n'hésita pas, et il partit aussitôt. L'entrevue fut pleine d'effusion et de cordialité ; ils passèrent quelques jours ensemble ; mais le fils dut bientôt renoncer à l'espoir d'une conversion. « Je te pardonne les trois grandes « fautes de ta vie, lui dit son père : de t'être fait catholique, « d'avoir perverti ta sœur, et d'avoir baptisé ton neveu. »

Monsieur Cohen mourut le 10 août 1861, sans avoir abjuré le judaïsme. Cette mort fut une douleur d'autant plus profonde pour le cœur du P. Augustin, qu'il n'avait point encore reçu la lettre dont nous avons parlé, et qui lui apporta, quelques mois après, de si douces espérances sur le salut de sa mère.

# VI

## Développements du Carmel (1853-1865)

**Sous les provincialats des RR. PP. Dominique (1853-1858),
François (1858-1861), Louis (1861-1862),
et Alphonse (1862-1865).**

La longue digression consacrée à Hermann et à sa famille nous a détournés des développements que prenait le Carmel, au moment où le R. P. Dominique venait d'être élu canoniquement *Provincial d'Aquitaine.*

Un instant mis en évidence après son ordination sacerdotale, le P. Augustin allait se confondre avec ses frères des cours de philosophie et de théologie, sauf quelques apparitions isolées et quelques sermons de circonstance qui le préparaient déjà à sa vie d'apôtre.

La grande préoccupation du nouveau Provincial, après la première visite canonique de ses monastères, fut l'insuffisance de l'Ermitage pour contenir les deux collèges de philosophie et de théologie, avec les Pères profès qui y exerçaient le ministère de la prédication et de la confession, dans la petite chapelle, et groupaient autour d'eux les collégiens pour les psalmodies du chœur. Le couvent de Carcassonne, fondé depuis 1851, lui parut tout indiqué pour la théologie ; la philosophie resterait à Agen.

Cette décision nous valut de conserver le P. Augustin pendant quelque temps à l'Ermitage, et sa présence ne contribua pas peu à augmenter la popularité des Carmes. On se rendait en foule aux offices, où il tenait l'harmonium, (en attendant les orgues), et faisait exécuter ses cantiques avec un brio et une piété qui étaient une prédication. Il paraissait de temps en temps lui-même dans la chaire ; et l'affluence était telle pour ses instructions, qu'on songea dès lors à la construction d'une grande église, pour suppléer à la petite chapelle. Quelquefois, mais rarement encore, il prêchait en dehors du couvent, dans certaines églises privilégiées.

Le Petit Séminaire bénéficia, en un jour resté comme un inoubliable souvenir, d'une de ces sorties apostoliques. Ce fut le 6 janvier 1852, en la grande fête de l'Epiphanie, qui avait un cachet tout particulier et de longue tradition, dans cette maison installée, on s'en souvient, et déjà développée par le vénérable M. Tailhé, (1) mais devenue un établissement de premier ordre, avec ses deux cent cinquante élèves sous la direction d'un personnel choisi.

Dès le matin le P. Hermann offrit le S. Sacrifice, avec cette piété rayonnante dont on a toujours été frappé quand on le voyait au saint autel, et il distribua la Ste Communion à cette jeune phalange d'élite, dans les rangs de laquelle plus d'une vocation religieuse se révéla en ce beau jour. A dix heures il tint le piano pour la grand'messe ; il prêcha le soir un sermon dont quelques anciens se souviennent encore, et dans l'intervalle il donna son dernier concert (2).

La journée de l'Epiphanie se terminait régulièrement au Petit Séminaire par une loterie en faveur des pauvres... Le premier numéro gagnant fut au nom du Père Augustin, qui se récria, n'ayant point pris de billets ; mais qui reçut le lot avec reconnaissance : un superbe missel, que nous étions si heureux de lui offrir !

Il allait bientôt quitter l'Ermitage. Son cours de philosophie terminé, il devait se rendre au collège de théologie de Carcassonne. Il y trouva comme Evêque Mgr de La Bouillerie, l'ancien vicaire général de Paris, son confesseur, qui lui avait été d'un si puissant secours pour fonder *son œuvre* de *l'Adoration Nocturne* du S. Sacrement.

Après une séparation de quelques années, les deux amis se rejoignaient, l'un sous la soutane violette, l'autre sous la bure

---

(1) Voir pages 9 et 10.

(2) C'est à la suite de ce concert qu'il obtint du P. Provincial, qui y assistait, de prononcer le vœu dont nous avons parlé. (Voir page 31).

et le manteau blanc. Ce fut pour eux l'occasion de relations nouvelles, qui nous valurent, entre autres choses, une de leurs compositions les mieux inspirées : le cantique *L'Ame et l'Ange*.

Un jour que l'Evêque avait invité son cher P. Augustin à une réunion de famille au château de La Bouillerie, ils se promenaient, après le repas du matin, dans le parc, se demandant quelle surprise ils pourraient ménager pour le salon du soir. « Composons un nouveau cantique ! » se dirent-ils ; et s'asseyant sur le tronc d'un vieil arbre, le poëte crayonna les paroles, et le musicien, la mélodie et l'accompagnement si connus. Le secret fut gardé jusqu'aux dernières heures de la journée; mais avant que Madame de La Bouillerie donnât le signal de la prière, l'artiste était au piano pour une dernière exécution, et le *Duo* était chanté par les deux compositeurs, un humble moine et un grand Evêque :

I

Un chérubin dit un jour à mon âme:
Si tu savais la gloire de mon ciel !
Si tu voyais les purs rayons de flamme,
Que sur mon front projette l'Eternel !
Je répondis à l'archange céleste :
Toi qui vois Dieu plus brillant que le jour,
D'un Dieu caché sur un autel modeste,
Sais-tu l'amour ?

II

L'ange reprit : sais-tu ma joie immense
De contempler en face un Dieu si beau ?
Le ciel pour moi, tous les jours recommence,
Et tous les jours, mon bonheur est nouveau.
Je répondis : sais-tu ce qu'est l'hostie ?
Toi, dont le cœur ne s'est point égaré,
Près d'un Dieu bon, près de l'Eucharistie,
As-tu pleuré ?

III

Le chérubin voulut parler encore :
Sais-tu, dit-il, mon aliment divin ?

Servir, aimer le grand Dieu que j'adore,
M'unir à lui, voilà mon seul festin.
Je répondis au lumineux archange :
Tu te nourris de la divinité,
Mais l'humble pain que j'adore et je mange,
L'as-tu goûté ?

IV

O chérubin de la sainte patrie,
Louons ensemble un Dieu si bon pour nous !
A toi le ciel, à moi l'Eucharistie...
Notre partage à tous deux est bien doux.
J'aspire un jour à voir aussi mon père;
Mais ici-bas l'autel est tout mon bien,
Voilà mon sort. Ton bonheur je l'espère...
J'aime le mien.

La journée du Château de Labouillerie ne pouvait être passée sous silence ; mais ce n'était qu'un jour, et la vie de l'étudiant en théologie se continuait au Carmel de Carcassonne, avec des prédications intermittentes qui l'appelaient déjà dans les grandes chaires de France : Bordeaux, Lyon, Paris etc., et préludaient à un apostolat si fécond !

C'est le couvent que le R. P. Dominique avait choisi pour sa résidence provinciale, en dehors de ses visites canoniques. Il aimait à vivre au milieu de ses jeunes théologiens, et à leur développer les belles thèses de S. Thomas. Il put continuer longtemps ; car à l'expiration de sa charge, il fut réélu d'une voix unanime comme provincial, de même que le P. François au prieuré de l'Ermitage, où il allait enfin entreprendre la construction rêvée de son église.

Son dessein avait été approuvé au chapitre provincial de 1854 ; il mit la main à l'œuvre en 1855.

Un premier plan fut ébauché par un artiste peintre et architecte, qui avait renoncé au monde pour se consacrer à la vie religieuse sous le nom de F. Philibert. Ne prenant conseil que de son génie, il rêva un monument grandiose, qui aurait demandé des sommes considérables... (1). On trouva plus sage et

(1) Il donna plus tard sa mesure, à l'église du Carmel de Bordeaux, et plus tard encore à la cathédrale de Pékin.

plus prudent de s'en tenir à un projet plus modeste, présenté par deux architectes d'Agen, MM. Payen et Bourrières, et on peut le voir réalisé, répondant largement à sa destination.

L'église affecte la forme d'une croix latine par l'élévation des voûtes de la grande nef et du transept. Le transept néanmoins ne dépasse point la largeur des bas-côtés, et les trois nefs forment un parallélogramme, qui se termine par une abside à pans coupés, destinée à être le chœur des religieux. Les collatéraux sont séparés de la nef principale par des piliers cylindriques, qui la coupent en trois travées de la porte au transept. Deux petites absides s'ouvrent dans les bras de la croix, parallèlement au chœur, et forment comme un chevet aux deux nefs latérales. Des culs-de-lampe habilement sculptés couronnent les piliers, et reçoivent, d'un côté des arcs et des nervures qui soutiennent les voûtes collatérales, de l'autre les colonnettes qui montent pour soutenir sur leurs chapitaux élégants la voûte médiane. D'autres piliers cylindriques, à demi engagés, mais en saillie sur les parois, appuient les voûtes des collatéraux, et contribuent, avec un large soubassement, à donner à l'édifice un caractère d'indestructible solidité. Le monument appartient au style ogival primaire, avec quelques affectations des formes du XIV⁰ siècle.

L'ameublement, aujourd'hui disparu, (après l'expulsion de 1880), était d'un merveilleux travail. La chaire, le buffet des orgues, les confessionnaux, les portes et le tambour avec leurs belles ferrures de cuivre, l'encadrement des quatorze stations du chemin de la croix, tout cela était l'œuvre d'un humble religieux convers, grand artiste sculpteur, le frère Santos.

La base du clocher fut posée, et construite jusqu'à la naissance des voûtes, en même temps que l'édifice, mais elle attendit, pour se terminer, jusqu'en 1863-1864. Alors, en effet, s'éleva cette belle flèche pyramidale, qui semble porter vers le ciel la prière des fils d'Elie, et qui forme avec l'église et le couvent ce groupe gracieux, toujours admiré et toujours nouveau.

Le couronnement manquait à l'œuvre. Dans un de ces mouvements oratoires qui lui étaient familiers, le célèbre abbé Combalot, prêchant une de ses dernières stations à la cathédrale d'Agen, avait jeté un appel qui fut entendu. Il demandait qu'une statue de l'Immaculée-Conception, (le dogme récemment proclamé par Pie IX,) dominât le clocher, comme protectrice du couvent, du coteau, de la cité et de l'immense plaine. Le 14 avril 1864, le vœu du grand orateur se réalisait comme une prophétie. Une âme généreuse avait offert une belle statue en cuivre doré, que Mgr de Vesins bénissait, et qui brilla éclatante au sommet de la flèche, tandis que deux cloches sonores, installées le même jour, jetaient aux échos leurs pieux et gais carillons.

« C'était le pacte d'alliance, écrivait le dimanche suivant une publication modeste, mais intéressante de la cité (1), entre la population agenaise et les enfants de Ste-Thérèse, pacte solennel signé sous la garantie de Dieu et de la Reine des Anges...

« Mais ce fut surtout le soir, ajoute le chroniqueur de cette journée, qu'une sympathique manifestation donna à la fête le caractère d'une réjouissance publique. Le bruit s'était répandu que les RR. PP. Carmes voulaient clore la solennité par une illumination. La population agenaise se porta tout entière entre ses murs et le côteau, couvrant de ses rangs pressés le boulevard et les rives du canal. Aussi l'enthousiasme a-t-il été au comble, lorsque, à la sonnerie des cloches, la flèche aérienne, jusque là voilée par les ombres de la nuit, est apparue comme une gigantesque colonne pyramidale de feu. En un clin d'œil, les nombreuses villas disséminées sur le flanc du côteau, se sont éclairées de guirlandes lumineuses. Le mont Saint-Vincent n'a plus été qu'un vaste foyer de lumière, d'où s'élançaient parfois des gerbes flamboyantes, qui semblaient vouloir porter jusqu'au ciel les ardeurs dont tous les cœurs étaient enflammés. »

Il était là, triomphant de son œuvre, le vénéré P. François de Jésus-Marie-Joseph, qui l'avait commencée comme Prieur de l'Ermitage en 1855, l'avait continuée comme Provincial après son priorat, et la voyait glorieusement finie, en redevenant Prieur de l'Ermitage, après avoir confié à d'autres mains le gouvernement de la Province, quoi qu'il dût continuer d'en partager

_______________

(1) *Le Glaneur Agenais.*

les sollicitudes avec ses successeurs (1), sous le titre de Premier
Définiteur provincial.

Ce serait contrister le P. François, jusque dans sa tombe, de
ne pas nommer le P. Emmanuel de Ste-Thérèse, son collaborateur pendant dix ans dans la construction et l'ornementation de
l'édifice, le contrister aussi de ne pas dire également sa reconnaissance pour les nombreux bienfaiteurs qui l'aidèrent, et
pour la bonté de Dieu qui lui avait réservé un trésor inattendu
dans les fouilles qui précédèrent les travaux. Là gisait, en
effet, un rocher inexploré, qui devait fournir toute la pierre et
la chaux dont on avait besoin... Et le monument terminé, quel
ne fut pas son chant d'action de grâces, quand lui revint des
Indes un de ses fils, le Père Marie Ephrem, (2) devenu naguère
évêque de Quilon et Mangalore, pour consacrer sa belle église,
et la dédier à l'*Immaculée-Conception !*...

Le Révérend P. Dominique en avait béni la première pierre
en 1855, et il assista à son inauguration par Mgr de Vesins, en
1858 ; ce furent deux évènements heureux de ses deux provincialats consécutifs (3), qui avaient commencé en 1853, et qui
approchaient de leur terme. Pendant toute cette période, il
n'apparaissait que par intervalles à l'Ermitage, sa résidence
étant à Carcassonne, et les visites canoniques l'appelant successivement dans les divers couvents de la province. L'Ordre
d'ailleurs se développait avec rapidité, et les nouvelles recrues
l'obligeaient à créer de nouvelles maisons.

Le P. Augustin eut une très grande influence dans la fondation de Montpellier et de Pamiers. Quant à celle qui se fit à
Bagnères-de-Bigorre, on peut dire qu'elle fut son œuvre. Dès la
fin de ses études théologiques, il y avait été envoyé pour prêcher

---

(1) 1º Le P. Louis du S. Sacrement, l'ancien Maître des novices de Lascaño
qui mourut la seconde année de son Provincialat (1862).

2º Le P. Alphonse Marie de Saint-Joseph, d'abord vicaire provincial, à la mort
du P. Louis, et canoniquement élu provincial en 1854.

(2) Mgr Garrelon, de Casteljaloux, ancien professeur de mathématiques au
Grand Séminaire d'Agen et plus tard Prieur au couvent de Bagnères-de-Bigorre,
sous le Provincialat du P. François.

(3) Sa première élection n'ayant été faite que pour deux ans, la règle permettait une réélection, qui se refit à l'unanimité en 1855.

une station, pendant la saison balnéaire. Beaucoup de ses amis d'autrefois vinrent le revoir et l'entendre ; la renommée du religieux, par l'éclat de sa conversion et la diffusion de ses cantiques, dépassait déjà celle de l'artiste.

Ses sermons furent suivis avec empressement, et Cavailhé-Coll eut l'idée de lui installer un petit orgue dans la chapelle des Carmélites. Son éloquence et son talent, sa sainteté surtout, firent des prodiges, et quand il parla de construire un couvent de Carmes, les ressources abondèrent.

L'œuvre marcha rapidement. Dès 1856 la gracieuse chapelle était inaugurée, décorée par Horace Vernet, qui y représenta au chevet de l'abside, l'enlèvement du prophète Elie sur un char de feu, et complétée par un bel orgue de Cavailhé-Coll. (1)

_______________

(1) Lorsque le P. Augustin fit le voyage de Paris, pour remercier Horace Vernet, son vieil ami, des peintures qu'il avait gracieusement ébauchées dans son église de Bagnères, en attendant d'y mettre la dernière main, ils eurent occasion de rappeler leurs anciens souvenirs. Ils parlèrent notamment de George Sand ; et Horace Vernet, qui avait des sentiments chrétiens, proposa une entrevue qui pourrait impressionner favorablement la célèbre romancière, et peut-être préparer une conversion. Une âme à sauver, et une telle âme !.... Quel beau rêve !.... Le P. Augustin accepta la proposition ; G. Sand fut invitée, et un piano avait été installé dans l'atelier du peintre, où devait se faire la rencontre.

Les deux artistes y attendirent l'écrivain. Elle fut indigne dans son langage, reprochant au converti ce qu'elle appelait sa félonie et sa trahison, et jetant au moine toutes les grossièretés que Luther et Voltaire vomirent contre les Ordres religieux et l'Eglise.... Elle parla longtemps. Le P. Augustin ne répondit rien... Pour toute réplique à ses reproches, il se mit au piano, préluda et chanta un de ses cantiques... Elle tomba dans un fauteuil, et fondit en larmes... Réagissant néanmoins contre son émotion, elle se leva, et sortit en lui disant : « Tu n'en es « pas moins un félon et un traître ! »

Horace Vernet mourut bientôt après (1863), et le P. Augustin en 1870, sans la revoir, mais en disant d'elle : « Chrétienne avec son génie, elle aurait pu être « une Ste-Thérèse... »

Telle ne fut point la dernière entrevue avec Liszt, cet homme étrange, profond croyant et mondain à l'excès, qui, ayant mené sa vie d'artiste, ami et rival de Chopin et de Schumann, survécut à l'un et à l'autre, et les dominant sans conteste par le génie comme par l'âge. A la dernière période de sa vie agitée, il s'était retiré à Rome, avait pris la soutane, sans arriver jamais aux ordres sacrés, mais s'adonnant tout entier à la musique religieuse, et produisant de 1861 à 1870 ses œuvres les plus achevées. Il se plaça d'emblée parmi les maîtres de l'art chrétien, et il resta jusqu'à Pérosi, qui l'égalera peut-être ou le dépassera, le modèle du genre au XIX<sup>e</sup> siècle. Son _Requiem_, ses _Psaumes_, sa _Légende de_

Le P. Dominique bénissait Dieu d'être si bien secondé dans ses entreprises. En deux années le couvent de Bagnères était organisé, l'église de l'Ermitage montait au jour le jour, celle de Bordeaux était en construction...

La Providence se manifestait évidemment dans la résurrection du Carmel en France, et le P. Augustin pouvait écrire à un de ses amis, le 29 juin 1854 : « L'œuvre du Carmel a pris des dimensions presque colossales. L'habit de Marie a été accueilli avec plus que de la bienveillance, et je ne puis me repentir d'être entré au Carmel, puisqu'au moment où j'y posais le pied il n'y avait en France que six Carmes français, et maintenant il s'en trouve plus de quarante, sans compter les religieux espagnols ; ce qui forme un total de cent et plus pour la France seulement. Il n'y avait alors que deux grands couvents et deux petits établissements, et depuis il y a eu une fondation importante à Carcassonne, à Montpellier, à Pamiers, et l'on bâtit une église à Bigorre, et l'on achète une grande propriété à Toulouse, et l'on fait le plan d'une église et d'un couvent pour Paris, et l'on construit une importante église à Bordeaux. »

Dans l'énumération de ces progrès du Carmel, le Père oublie de dire quelle part la Providence lui avait donnée, L'éclat de sa conversion, son apparition dans les principales chaires de

---

*Ste-Elisabeth* et surtout son *Christus.*, dans le genre de l'Oratorio, sont les points culminants de son génie. « *Christus*, a-t-on pu écrire, est non seulement « le chef d'œuvre de Liszt — ce qui est une façon de voir très relative, — mais « tout uniment un chef-d'œuvre, l'un des plus grands de la musique. » Rien de plus curieux, à ce sujet, que de lire l'impression qu'en ressentit Richard Wagner; il déclarait que « si l'on était à Rome aussi artiste qu'infaillible, les fragments du « *Christus* seraient exécutés à chacune des fêtes auxquelles ils se rapportent, et « l'œuvre entière aux grands jours de l'Eglise. »

C'est pendant cette période si glorieuse de son Maître que le P. Augustin, l'Hermann et le Puzzi d'autrefois, le revit encore et lui fit ses adieux, sans prévoir qu'il le devancerait de quinze ans dans la tombe. Ils eurent en ce rapide passage du disciple à Rome, deux entrevues particulièrement émouvantes ; l'une au Carmel de Notre-Dame de la Victoire, où le vieux Maëstro fit entendre ses dernières compositions ; l'autre au Colisée, où ils se trouvèrent avec Louis Veuillot, pour entendre la parole éloquente de Mgr Berthaud, évêque de Tulle, le Tertullien moderne, entouré d'un imposant auditoire, au pied de la Croix qui dominait alors l'immense arène des martyrs, et qui a disparu sous les coups de nouveaux persécuteurs.

France, le grand nombre de personnages qu'il avait connus dans le monde, et qui s'intéressaient d'autant plus à lui, qu'il l'avait quitté lorsqu'il en était l'idole, tout cela contribuait puissamment à donner du relief à l'Ordre des Carmes, à attirer des novices, et à obtenir des aumônes pour la construction de nouveaux couvents.

Une création manquait à la province, pour qu'elle fût définitivement constituée, ce qu'on appelle *le Désert*.

Dans chaque province du Carmel, en effet, les Constitutions demandent l'installation d'une solitude, où les religieux peuvent obtenir de passer une ou plusieurs années, dans la vie absolument érémitique. Il fallait trouver un vaste terrain isolé, avec des sources d'eau vive, y construire un couvent central, et un ermitage pour un seul religieux à chaque source. L'entreprise ne parut pas au-dessus de ses moyens au P. Augustin. Quand il eut organisé son couvent de Bagnères, il chercha dans la Bigorre un lieu propice à ce dessein, et la Providence le servit à souhait. Non loin de Vic, sur les premières pentes des Pyrénées, il trouva, dans l'humble commune de Tarasteix, un terrain vacant d'une grande étendue avec neuf petites sources, dont la principale indiquait naturellement la place du monastère, et les huit autres celle de huit Ermitages. (1) On mit la main à l'œuvre, et en quelques années, le *Saint-Désert* pouvait recevoir les solitaires. Un des premiers, le P. Augustin obtiendra de bénéficier un an de cette vie érémitique, si douce aux âmes contemplatives, et il en profitera pour composer, sans avoir à sa disposition, ni orgue, ni harmonium, ni piano, un de ses recueils de cantiques, le *Thabor*, qui, avec *Fleurs du Carmel*, et une *Messe* trop rarement exécutée, complétera son œuvre artistique religieux, commencé avec *Gloire à Marie*, et continué par *Amour à Jésus-Christ*.

Mais avant de goûter cette année de calme, de recueillement et de repos, dans la paix de son Désert, le P. Augustin avait à

---

(1) Ce projet, déjà mis en commencement d'exécution, fut modifié dans un sens plus conforme aux constitutions de l'Ordre. Au lieu d'isoler les ermitages, on les disposa autour d'un vaste cloître à la manière des Chartreux. Le P. Augustin y consacra la part qui lui revint dans l'héritage maternel, et le produit de la vente de ses cantiques depuis qu'il devint conventuel du Saint-Désert.

fournir une laborieuse carrière par ses prédications à Paris, à Lyon, à Londres et à Berlin ; il reviendra ensuite comme père *conventuel* à l'Ermitage d'Agen, qui fut le berceau de sa vie religieuse, où il vivra comme *Définiteur* de la province, en continuant son ministère apostolique, et d'où il partira, hélas ! pour ne plus revenir. Mais ne devançons pas les tristesses de cette heure douloureuse, qui arrivera trop tôt, et nous causera un si grand deuil !

Quand le P. Augustin revint parmi nous, après avoir fondé les couvents de Lyon, de Paris et de Londres, le P. Dominique n'était plus provincial. D'après les règles de l'Ordre, cette fonction expire après trois ans, et celui qui l'a remplie redevient simple religieux ; une exception *autorisée* (1) fut faite pour le *fondateur* de la province d'Aquitaine ; il fut provincial de 1853 à 1858, et son successeur élu, il se retira humblement au noviciat du Broussey, sa première maison professe, pour y vivre de la vie des novices, et après dix-huit ans d'un labeur si fécond, se préparer à paraître devant Dieu.

Le P. François de Jésus-Marie-Joseph, un de ses collaborateurs des premières années, fut élu pour lui succéder, et la résidence provinciale cessa d'être à Carcassonne, elle s'imposa naturellement pendant trois ans à l'Ermitage, où le nouveau provincial ne pouvait abandonner l'œuvre de son église, à laquelle il consacrera tous les instants libres de sa lourde administration, tandis que le P. Emmanuel de Ste-Thérèse lui continuera sa collaboration, en conservant son titre de Sous-prieur.

Quant au P. Dominique, il ne jouit pas longtemps de la retraite qu'il avait choisie, et de la solitude qu'il avait rêvée. Le Général de l'Ordre venait de mourir. Comme ancien provincial, il dut se rendre à Rome pour prendre part à l'élection du successeur, et sa présence fut remarquée au Chapitre. Le nouveau général élu, il fut désigné par les suffrages à devenir un de ses quatre assistants sous le titre de *Définiteur général*. C'était un adieu à sa province d'Aquitaine et à la France.

Avant ce pénible adieu, en la dernière année de son provincialat, il avait applaudi, sans y assister, à un nouveau triomphe

---

(1) Nous en avons donné l'explication en une note (p. 55).

artistique de son fils bien-aimé, le P. Augustin. En 1858, en effet, on préparait à Lectoure une fête magnifique, dans laquelle un rôle important était réservé à l'Hermann d'autrefois.

Mgr de Salinis, Archevêque d'Auch, ayant obtenu de S. E. le Cardinal Donnet, Archevêque de Bordeaux, une partie des reliques de S. Clair et des compagnons de son apostolat, précieusement conservées dans l'église de Ste-Eulalie, résolut de les transférer très solennellement à Lectoure, le théâtre du martyre de ces saints apôtres. Il sollicita la générosité de l'Empereur, pour que la fête fût digne des héros. Napoléon III souscrivit dix mille francs, et mit à la disposition de l'Archevêque le parc de la sous-préfecture, ancien évêché de Lectoure, pour une manifestation extérieure, avec la musique du douzième chasseurs en garnison à Auch, pour en rehausser l'éclat. Le P. Augustin fut invité à composer une Cantate de circonstance, orchestrée pour un chœur de cent voix qu'accompagnerait la musique militaire ; il en dirigerait lui-même l'exécution, et tiendrait l'orgue pour toutes les cérémonies de la journée. L'abbé Combalot prêcha une station de huit jours, pour préparer la population ; quinze Evêques devaient assister à la solennité, cinq ou six cents prêtres environ, et une masse de fidèles évaluée à plus de dix mille. Ce fut en présence de cet auditoire, sous l'arc de triomphe principal, que la cantate fut exécutée, les choristes rivalisant de zèle, le célèbre chanoine Boulanger d'Amiens faisant les soli, de cette voix puissante que la France admirait alors, la musique des chasseurs prêtant son harmonie, et le P. Augustin dirigeant l'exécution de son œuvre avec la *maëstria* de ses plus beaux jours.

Pouvant à peine laisser deviner ici l'effet que produisit cette merveilleuse exécution, nous renvoyons les musiciens au recueil des cantiques *Fleurs du Carmel*, où la cantate est conservée avec accompagnement d'orgue ou de piano, et pour tous nos lecteurs nous en transcrivons au moins les paroles vibrantes :

# CANTATE A S. CLAIR ET SES COMPAGNONS

## Pour la translation de leurs reliques à Lectoure
### (12 octobre 1858)

Salut, ô vieux martyrs ! Votre cité chérie
Vous rappelle aujourd'hui dans ses murs triomphants.
Rentrez dans vos foyers, Auguste colonie !
Ancêtres immortels, bénissez vos enfants !

Reconnaissez ces champs où germaient vos paroles,
Ces marbres tout chargés des noms de vos tyrans,
Ce temple où vos regards foudroyaient les idoles,
Cette onde où vos bourreaux lavaient leurs bras sanglants.

Où sont-ils ces tyrans, dont la menace altière
Voulait courber vos fronts sous un joug criminel ?
Le vent avec mépris balaya leur poussière,
Et pour vos os sacrés l'amour dresse un autel !

Hélas ! cette cité, complice sacrilège,
Jadis de vos bourreanx applaudit les fureurs ;
Mais en baignant ses murs, votre sang la protège,
Et la moisson du ciel croît sous ses flots vainqueurs.

Oh ! rentrez !... Expiant les crimes de nos pères,
Nous en effacerons la trace avec nos pleurs !
Médiateurs sacrés, qu'appelaient nos prières,
Venez !... Nous vous ferons un temple de nos cœurs !

De ce séjour aimé ne quittez plus l'enceinte !
Restez pour nous bénir !.., Et jusqu'au dernier jour,
Faites de tout ce peuple une famille sainte !
Versez sur lui la paix, l'harmonie et l'amour !

Des souillures des sens purifiez notre âme,
Détournez nos regards de ce qui doit périr !
Et pour ces grands combats, si la foi nous réclame,
Apprenez-nous à vaincre !... Aidez-nous à mourir !

La fête de Lectoure ne fut qu'un épisode dans l'apostolat du P. Augustin, qui continuait ses deux grandes œuvres du couvent de Bagnères et du Désert de Tarasteix pendant les beaux jours, et consacrait les mois de l'hiver à ses prédications en divers lieux, surtout à Lyon, à Paris et à Londres. Il rêvait de fonder un couvent dans chacune de ces grandes cités, pour y réparer, disait-il, les folies de sa jeunesse, et ce rêve ne devait pas tarder à se réaliser. Il crut même un moment pouvoir s'abandonner pour Berlin à la même espérance.

La reine Augusta, qui connaissait sa vie d'artiste, avait entendu parler de sa conversion, de sa vie monastique et de son apostolat. Quoique protestante, elle conçut l'idée de lui faire prêcher une station quadragésimale dans l'église de Sainte-Hedwige. Elle tenait à ce qu'il restât une gloire de l'Allemagne, et elle le traita avec des égards qui pouvaient le confondre. Sa résidence fut quelques jours à Postdam, avec une voiture de la cour pour le conduire à Ste-Hedwige, et le ramener chaque soir... ce qui ne l'empêchait pas de coucher sur le parquet, enveloppé de sa robe de bure, comme on couche sur le lit de planches au Carmel.

Sa station eut un plein succès ; mais une épreuve pénible lui était réservée. Sa vue faiblissait ; des douleurs aigües se faisaient sentir à un œil ; un célèbre oculiste de Berlin constata une amaurose, sans lui laisser espoir de guérison... Il partit fort attristé, mais sans découragement. Il songea immédiatement à la guérison miraculeuse d'Henri Lasserre, l'auteur connu qui a écrit l'histoire de Notre-Dame de Lourdes, et il s'adressa à M. Peyramale, qui avait reçu plus d'une fois dans son presbytère le fondateur de Tarasteix, pour lui demander l'hospitalité, en lui disant sa maladie et sa confiance en l'*Immaculée-Conception*. Cette confiance fut aisément partagée par le curé de Lourdes, qui l'accueillit à bras ouverts... Ensemble ils prièrent, ensemble ils allaient à la grotte ; le P. Augustin, qui ne pouvait plus lire son bréviaire, le remplaçait par des chapelets, la prière de Bernadette. En quelques jours la guérison s'annonça ; elle ne fut pas soudaine, mais elle fut radicale, à ce point que le docteur Albéric de Gauléjac, l'élève favori de Nélaton, prononça cette grave parole : « Si la faculté de Berlin a reconnu *l'amaurose*, « j'affirme, sans hésiter, le *miracle* ! »

Il répétait cette parole quelques années après, au premier pélerinage du diocèse d'Agen à Lourdes. Ce fut précisément à l'oncle du docteur, le vénérable M. Sérougne, curé de Ste-Foy, et peut-être à l'instigation de son neveu, que vint l'idée de ce premier pèlerinage, qui s'est renouvelé quarante fois, de 1869 à 1911, avec une organisation d'un caractère de permanence assurée.

Au début, ce fut une improvisation hardie. Le P. Augustin était redevenu l'hôte de l'Ermitage ; il fut choisi pour annoncer le projet, en une semaine de prédications dans les quatre églises paroissiales d'Agen. Cinq cents pèlerins répondirent à son appel ; un train fut accordé par la compagnie du Midi, mais seulement pour une journée, et on partit à trois heures du matin, pour rentrer à 9 h. du soir. En passant sous les murs de Lectoure, on évoqua les souvenirs de 1858, et on fredonna la célèbre Cantate. A neuf heures, nous étions à Lourdes, le P. Augustin dit la messe et prêcha à la Grotte. La basilique n'existait pas encore, et un orage ayant éclaté dans l'après-midi, nous dûmes nous réfugier dans l'église paroissiale de Lourdes, pour chanter les vêpres et entendre encore la parole apostolique de notre prédicateur. A quatre heures ce fut le départ, et à 9 h., le retour.

Ces évènements isolés, dont le récit s'imposait, nous ont ramené à l'Ermitage avec le P. Hermann ; mais que de choses s'y étaient accomplies depuis son arrivée en nouveau converti (1849), ou même depuis son départ comme philosophe théologien (1853) !

L'église s'était bâtie, le P. François y avait installé pour trois ans sa résidence provinciale, le collège de philosophie avait été transféré à Bagnères, et après un agrandissement devenu nécessaire, le collège de théologie était revenu de Carcassonne à Agen. Le P. Louis du S. Sacrement avait succédé au P. François comme provincial, et un moment l'ancien Maître des novices de Lacaño se retrouva à l'Ermitage avec ses deux disciples, le P. François de Jésus-Marie-Joseph, auquel il succédait, et le P. Emmanuel de Ste-Thérèse, qui y remplissait les fonctions de prieur. C'était une heureuse entrevue, avant une douloureuse séparation. Quelques mois après, en effet, le nouveau provincial, le premier collaborateur du P. Dominique dans la restauration du Carmel français, mourut à Bordeaux, à l'âge de cinquante-six ans, après trente-cinq ans de profession religieuse. Cette mort arriva, comme il l'avait prédit au cours de sa maladie, le jour de la fête du S. Sacrement, dont il avait voulu porter le nom.

Un an après ce grand deuil de la province, l'Ermitage d'Agen fit une autre perte à laquelle elle ne fut pas insensible ; et quoique ce ne fût que le départ d'un humble frère pour le ciel, il fit un vide considérable. L'inscription de la modeste croix élevée sur sa tombe expliquerait à elle seule les regrets qui suivirent sa mort.

« Ici repose Joseph Lalanne, tierçaire du Carmel, et Fonda-
« teur de ce couvent, décédé le 2 août 1863, à l'âge de soixante-
« douze ans, après avoir édifié la maison par ses vertus...
« R. in P. ! »

Cette simple épitaphe révéla un grand secret, et expliqua toute une vie mystérieuse. On avait pu se demander comment, en 1845, le P. Dominique, naguère exilé de sa patrie, et n'ayant pu s'établir à Bordeaux que sous la protection de Mère Bathilde, et au Broussey par le don généreux du vieux curé de Cardan, avait trouvé la somme nécessaire pour racheter l'Ermitage à Monsieur Tailhé. Le mystère est dévoilé ; c'est M. Joseph Lalanne qui avait donné les fonds.

Aussi quel accueil fit-on au vénéré vieillard, lorsque, brisé par les entraînements d'une vie aventureuse, il vint frapper à la porte du couvent, et demanda à y passer, comme tierçaire le reste de ses jours !

« Il y avait déjà vingt ans que, fatigué du monde, il s'était tourné vers Dieu, et il ne songeait plus qu'à la retraite, et aux abnégations d'une sainte obscurité. Il eut sa cellule à côté de la porte du monastère, et il fit son année de noviciat avec une régularité qui édifiait tous les religieux. Le 26 mars 1853, il eut le bonheur de faire sa profession sous le nom de frère Joseph de Sainte-Thérèse.

« Il était né à Arbis, canton de Targon, dans le Bordelais. Jeune encore, il s'était embarqué en qualité de mousse sur un navire de guerre, et son humeur intraitable n'était réduite, disait-il, qu'à force de disciplines *involontaires*. C'était le prélude lointain de celles qu'il s'infligea lui-même dans ses vieux jours du Carmel. Ce rapprochement, il aimait à le faire lui-même dans les heures de récréation qu'il passait en communauté, et avec un enjouement qui déridait les fronts des plus austères religieux. On se plaisait à lui faire conter ses aventures de voyage, ses courses maritimes, si pleines d'émotions ; sa capture sous l'empire, et les huit mois de sa captivité sur les pontons de l'Angleterre.

« Autant le frère Joseph était grave et sérieux dans l'accomplissement de la règle monastique, autant il avait l'humeur expansive et joyeuse aux heures de la récréation. Comme les religieux profès et conventuels, il portait la robe de bure et le long scapulaire, sans le manteau blanc, qui est l'habit de chœur.»

Il vécut ainsi dix ans, courte période si l'on se contente de compter les années, mais longue carrière si l'on étudiait ses progrès dans la vie ascétique. « Quelque nombreuses que fussent les messes célébrées chaque jour à l'Ermitage, il n'en manquait aucune. Après une demi-journée de méditations, ce nouvel Eymeric (1) n'aimait rien tant que les disciplines *volontaires*, les étreintes de la chaîne de fer, et toutes les rigueurs des macérations corporelles. Avec de pareilles habitudes, que le monde ne comprend guère, il conservait un caractère enjoué, se disait volontiers le plus grand des pécheurs, et ne se croyait pas digne de porter le nom des Saints Patriarches. Il aimait pourtant qu'on l'appelât le *Petit-Joseph*, et c'est ainsi qu'il était désigné par les familiers du Carmel.

« Affligé de cécité les deux dernières années de sa vie, il ne perdit pas son enjouement habituel. Un frère convers fut son guide ; il lui faisait des lectures spirituelles qui ravissaient son âme, et qu'il savourait comme un avant-goût du ciel.

« Cependant ses forces diminuaient de jour en jour, et sa dernière heure approchait. Le samedi, premier jour d'août (1863), vers dix heures du soir, le P. Basile, ancien professeur d'humanités au Petit-Séminaire d'Agen, et maintenant un des définiteurs provinciaux, arriva de Bagnères, et on le conduisit à l'hôtellerie, à côté même de la cellule du vieux frère aveugle. Tandis qu'il prenait sa réfection, s'entretenant avec le P. François, redevenu prieur, le garde-malade, vient les prévenir que le *Petit-Joseph* est à son agonie. Ils courent auprès du mori-

---

(1) Un des plus célèbres Ermites du côteau St-Vincent, qui avait obtenu de Louis XIII des lettres patentes le reconnaissant supérieur de l'Ermitage.

bond, pour lui rendre les derniers devoirs. Tous les religieux ont quitté leurs cellules, et sont là témoins attristés, mais profondément édifiés, de cette mort d'un juste, dont le front s'illumine sous l'onction sainte, dont un regard presque éteint salue pieusement ses frères, et dont les lèvres rendent bientôt le dernier soupir (1). »

______

(1) Extrait du *Précis historique* de M. l'abbé Barrère.

# VII

## Le R. P. Dominique, Général de l'Ordre
## (1865-1870)

Un témoin manquait à la mort du *Petit Frère Joseph Lalanne;* le R. P. Dominique eût été si heureux de recevoir lui-même le dernier soupir de *son bienfaiteur!* Nous avons dit (1) comment il avait été enlevé à sa retraite du Broussey, pour assister au Chapitre de Rome, et comment détaché de sa province d'Aquitaine, pour devenir *Définiteur Général.*

Cette fonction devait durer six ans, de 1859 à 1865. Le Souverain Pontife, Pie IX, qui connaissait déjà, et appréciait hautement le restaurateur du Carmel en France, voulut le recevoir dès son élection faite, et après l'entretien intime qu'il eut avec lui, le présenter à ses familiers, en le caractérisant par ces mots : « *Hispanus natu, Gallus restauratione Carmeli, et nunc* « *Romanus... Aliquid perfectum!...* Espagnol par sa naissance, « Français par la restauration du Carmel, et maintenant « Romain... Une sorte de perfection!... »

Etait-ce une prophétie?... Six ans après on put le croire. Lorsque sa charge touchait à sa fin, (2) et qu'il aspirait à revenir dans sa chère province d'Aquitaine, pour s'y faire oublier et y mourir, il fut élu Général de l'Ordre !... Et le P. François de Jésus-Marie-Joseph était là parmi les électeurs comme ancien provincial !...

La veille de l'élection, ils faisaient ensemble leurs préparatifs de départ pour la France ; mais avec quelque scepticisme de la

---

(1) Page 59.

(2) La charge des Définiteurs Généraux, comme celle du Général, dure six ans.

part du P. François, qui, ayant assisté aux réunions préalables des électeurs, prévoyait bien qu'il reviendrait seul ..

Le Pape, suivant l'usage, reçut immédiatement en audience solennelle le nouveau Général, l'embrassa avec effusion, et le maintint dans les diverses Congrégations, dont il était depuis six ans Consulteur écouté, quoiqu'il dût être souvent loin de Rome pour la visite canonique de tous ses couvents.

On devine aisément de quel côté son cœur le portait à commencer cette grande fonction de sa nouvelle charge. La Province d'Aquitaine n'avait été visitée que deux fois par les Généraux de l'Ordre : en 1855, par le R. P. Noël de Sainte-Anne ; et en 1859, par le R. P. Elisée de l'Immaculée-Conception... Mais dès le 19 octobre 1865, à cinq heures et demie du soir, les cloches de l'Ermitage, lancées à grande volée, annonçaient un grand évènement : Le R. P. Dominique de S. Joseph, Général du Carmel, descendait de wagon, et gravissait le coteau S. Vincent, escorté de tous les Conventuels du monastère. La foule se pressait à la suite du cortège, et quand on arriva dans l'église, les trois nefs étaient déjà débordantes.

Le voilà assis sur le dernier degré de l'autel, en face de l'assistance, l'ancien théologal de Pampelune, l'exilé de sa patrie, l'isolé de Bordeaux, le premier modeste prieur de l'Ermitage, le fondateur de la Province... Le voilà, Général du Carmel, prêt à recevoir l'obédience de ses fils spirituels, et au premier rang du P. François de Jésus-Marie-Joseph, et du P. Emmanuel-de-Ste-Thérèse !... Manquait, pour reconstituer le petit chapitre bordelais du premier dimanche de l'Avent 1839, (1) le cher P. Louis du S. Sacrement, retourné à Dieu pendant son provincialat, le 19 juin 1862. (2).

Après la réception solennelle du Général, ce furent, pendant huit jours, les communications intimes du Père avec ses fils, et puis... les *adieux*... Tous disaient : *Au revoir !*... Le P. Dominique promettait, en effet, une seconde visite canonique, et, après les six ans de sa charge, un retour définitif, pour mourir au milieu des siens. Hélas ! Il ne revint que cinq ans plus tard,

---

(1) **V.** page 15.
(2) **V.** page 63.

et il revint dans son cercueil... Il mourut à Rome et y fut enseveli, entouré des honneurs dus à son rang ; mais le P. Basile, dont nous avons parlé à la mort du *Petit frère Joseph*, et qui était devenu Provincial, se chargea d'aller recueillir cette dépouille si chère, et de la ramener en sa province d'Aquitaine, au milieu de ses enfants. On lui fit des funérailles solennelles au noviciat du Broussey, qu'il avait choisi autrefois pour sa retraite de provincial, et où il avait espéré pouvoir se retirer après son généralat. Le P. Alexis, un des plus éloquents orateurs de l'Ordre, fit son oraison funèbre ; le P. Augustin, qui était en ce moment Maître des novices, pria et pleura, mais l'orgue resta muet ; toute la cérémonie se borna, après le discours, aux chants funèbres et aux larmes.

Une pierre funéraire distingue la tombe du R. P. Général des autres tombes de saints religieux, qui reposent dans le même petit cimetière du Broussey. En voici la simple inscription :

Hic Requiescit.

R. (Adm.) P. N. F. Dominicus a St-Joseph...

N. Congregat. Praepositus generalis ..

Carmeli in Gallia Instaurator...

Scientia ac pietate insignis...

Obiit Romae 12 Julii 1870.

Hic depositus 11 augusti

ejusdem anni.

R. I. P.

ICI REPOSE

NOTRE TRÈS RÉVÉREND PÈRE

FRÈRE DOMINIQUE DE S. JOSEPH,

PRÉPOSÉ GÉNÉRAL DE NOTRE CONGRÉGATION,

RESTAURATEUR DU CARMEL EN FRANCE.

INSIGNE PAR SA SCIENCE ET SA PIÉTÉ,

IL MOURUT A ROME LE 12 JUILLET 1870.

IL FUT ENSEVELI ICI

LE 11 AOUT DE LA MÊME ANNÉE.

R. I. P. (1)

---

(1) Les religieux du Broussey furent expulsés de leur noviciat, en 1880, comme ils le furent successivement de tous leurs couvents de France. Mais ayant été mis en vente par le tribunal civil de Bordeaux, le Broussey fut racheté le 1er septembre 1908, par M. l'abbé J. Lacome, prêtre sécularisé à Bordeaux, ancien novice et religieux profès du Carmel, connu dans la province d'Aquitaine sous le nom de *Père Luc de S. Joseph.* Il ne fit pas pécuniairement une brillante affaire, en cette acquisition ; mais il fit une belle et bonne action filiale, qui lui donne la douce satisfaction de rester le gardien de la tombe du vénéré P. Dominique, et de celles de plusieurs autres religieux, qui furent de véritables saints.

Sous la croix même qui s'élève au milieu du modeste cimetière, avaient été placés depuis longtemps les restes vénérés du bon M. Guesneau, le donateur du noviciat. Une plaque de marbre, fixée au piédestal, y rappelle son souvenir par cette inscription : « Ci-gît, M. Etienne Pierre Guesneau, prêtre, fondateur de ce « couvent ; né à Angers (Maine-et-Loire), et décédé au Broussey, le 8 avril 1841. « Qu'il repose en paix ! »

# VIII

## Dernières années du Carmel
## (1870-1880)

A la mort du R. P. Dominique, (12 juillet 1870), la Province
d'Aquitaine était en son état le plus florissant. Aux douze couvents dont nous avons successivement signalé les fondations
s'étaient ajoutés depuis plusieurs années ceux de Rennes et de
Toulouse ; il était question de les partager en deux provinces.
Des anciens fondateurs, il ne restait que le P. François, toujours fidèle à l'Ermitage ; il y fut rejoint par le P. Augustin,
lorsque pour celui-ci finit sa fonction de Maître des novices ;
mais le P. Emmanuel du S. Sacrement, qui, en remplissant ses
divers emplois dans la communauté, trouva le moyen d'évangéliser un si grand nombre de paroisses du diocèse d'Agen, céda
à une sainte nostalgie, et résolut de dépenser son zèle et ce qui
lui restait de forces au profit de l'Espagne. Il se retira dans le
couvent de Calahora, que le P. Pierre, ancien collégien d'Agen
et de Carcassonne, et plus tard prieur de Bordeaux, avait fondé
avec son frère, le P. Thomas, dans les provinces basques ; et
favorisé par diverses circonstances, il fonda lui-même un couvent au chef-lieu de la Capitainerie de Valence. Il servit ainsi
quelques temps la mère-patrie, et songea à rétablir le Carmel
jusque dans la colonie de Cuba. Il succomba quelques temps
après à un accès de fièvre jaune, et alla recevoir au ciel la récompense d'une longue et sainte carrière, qui avait commencé
par son expulsion de Lascaño, et qui se terminait par une sorte
d'exil volontaire dans une colonie lointaine.

Il ne devait pas seul quitter l'Ermitage pour revenir dans la patrie de son berceau. Le P. Augustin y allait être condamné lui-même.

Nous arrivions à cette douloureuse guerre de 1870, qui mit aux prises la France et l'Allemagne, et qui nous réservait de si douloureux désastres, malgré des actes de courage, triste consolation à nos malheurs.

Né en France, et sa naissance enregistrée à Paris, Georges, le fils de M. Rhaunheim, était soldat, et français de cœur, il fit son devoir ; mais surtout il se souvint qu'il était chrétien, et il continua, durant toute la campagne, l'heureuse habitude contractée de communier tous les jours. Quelquefois la halte ne se faisait qu'à une heure très avancée, et au lieu de s'occuper du premier repas, il cherchait du regard le clocher le plus voisin, frappait à la porte du presbytère, et demandait au prêtre la sainte communion.

Le neveu combattait en français et en chrétien, l'oncle allait être arraché de son couvent et chassé de France.

Quelques semaines après la déclaration de la guerre, l'ordre fut donné d'expulser tous les Allemands... Des démarches, plus affectueuses qu'efficaces, furent tentées, pour obtenir au P. Augustin une exception à ce rigoureux ostracisme. Tout fut inutile, et il prit immédiatement une courageuse résolution : « Je vais, dit-il à l'ami qui écrit ces lignes, prendre les ordres « de mon Provincial, et consulter Mgr Mermillod. Si l'Evêque « de Genève m'approuve, je me rends par la Suisse jusqu'à « Berlin, et je demande une audience à la reine Augusta, qui « me fut si bonne pendant ma station quadragésimale de Ste- « Hedwige ; et je lui dirai simplement : Madame, je suis Alle- « mand de naissance, et Français par ma conversion et mon « baptême ; je ne puis me prononcer entre mes deux patries.... « Mais il dépend de Votre Majesté de tout concilier, en me « nommant aumônier des prisonniers Français. »

L'ami l'embrassa en pleurant, le Provincial donna toute liberté, Mgr Mermillod approuva hautement la démarche, et la reine de Prusse se montra digne de la confiance qu'elle avait inspirée. « Ah ! pauvre Père, lui dit-elle, vous ne pouviez venir « plus à propos. J'attends six mille prisonniers, qui arrivent ce « soir. Ils seront internés dans la citadelle de Spandau, à quel-

« ques lieues de Berlin, et vous serez leur aumônier. Deman-
« dez-moi pour eux tout ce qui sera nécessaire ; je veux les
« traiter comme nos soldats Prussiens. »

Il demanda immédiatement six mille caleçons et six mille
tricots de laine... Rien ne manqua, et la tristesse des pauvres
prisonniers fut singulièrement allégée, quand ils surent que le
P. Hermann était leur compagnon d'exil et leur aumônier.
Mais la citadelle était absolument insuffisante. Quatre mille
hommes l'auraient remplie ; six mille y étaient entassés.

Le P. Augustin dut se loger en dehors, et le curé de Spandau
lui donna une cordiale hospitalité ; mais ses visites aux prisonniers étaient fréquentes, et ils venaient souvent et nombreux
eux-mêmes au presbytère... « Ils m'assiègent, écrivait-il à sa
« belle-sœur, Madame Albert Cohen, et je me livre à eux depuis
« huit heures du matin jusqu'au soir. Je leur appartiens, et ils
« usent de moi jusqu'à la corde... Environ cinquante par jour
« demandent la confession et la communion... »

« Comme l'église était insuffisante, (1) on en menait chaque
jour une compagnie de cinq cents pour entendre la messe et
une instruction ; mais le tour de chaque groupe ne revenait
ainsi qu'une fois toutes les deux semaines. Ces prédications
quotidiennes dans une église très froide, de longues stations au
confessionnal dans la même église fatiguèrent considérablement
le Père. Le temps qui lui restait dans la journée était consacré
à la réception des prisonniers, qui venaient nombreux, et à la
visite des Lazarets. Il y avait beaucoup de malades, et notamment trois cents varioleux. Le Père était en outre chargé de la
distribution des secours à nos compatriotes captifs, et il s'en
acquittait avez un zèle admirable. Il n'avait pas un moment à
lui. En tout ceci, il fut généreusement secondé par le général
commandant à Spandau, Prussien protestant converti au catholicisme. Ce digne homme avait la plus profonde estime et la
confiance la plus entière en votre vénérable frère ; il lui donnait
toute liberté et toute facilité pour ses pieux desseins. Je voudrais pouvoir rendre le même témoignage à d'autres comman-

------

(1) Extrait d'une lettre du R. P. Henry de la Billerie, capucin, à
M^me Rhaunheim.

dants.............................................................

.... Le vendredi, 13 janvier, M. Albert, votre frère aîné, qui était venu de Montreux (1) à Berlin, me proposa de l'accompagner à Spandau. Le P. Hermann était malade... Il était soigné par une sœur grise. « Eh bien ! mon cher Père, me dit-il, j'ai la « petite vérole, et j'ai besoin de vous. » Il me demanda de le remplacer pendant sa maladie. « Je suis au lit pour trois ou « quatre semaines, ajouta-t-il, et je serais trop triste si le bien « que j'ai commencé n'était pas continué. D'ailleurs le bon Dieu « peut me prendre, et alors vous serez là pour me succéder. « — O mon Père, lui dis-je, j'espère bien que le bon Dieu vous « laissera encore, pour travailler au salut des âmes. » Il saisit alors le crucifix placé sur sa couverture, et, le regardant avec calme : « Eh bien ! non !... dit-il. J'espère que le bon Dieu me « prendra cette fois. » — Le calme, la sérénité et le ton de douce confiance avec lesquels il dit ces paroles m'émurent d'une façon indicible. Je passai une partie de la journée à faire des démarches, pour obtenir de le remplacer pendant sa maladie... Le soir, hélas ! la fièvre avait beaucoup augmenté... Dans la soirée, M. Louis, votre second frère, était également venu de Berlin. Je revis le Père le 17, pour lui dire que mes démarches à Berlin avaient à peu près réussi. La maladie avait fait de rapides progrès, et par moments le délire arrivait. Dans son délire, il croyait encore prêcher à ses soldats, pour lesquels il était venu de si loin, et qui étaient la cause indirecte de sa mort. C'était le jour de la distribution de nouveaux effets venus de Berlin ; elle fut faite, de la part du Père, par un officier français. De sa chambre, il entendait la voix et le tumulte de ses chers prisonniers ; son délire prit alors des proportions effrayantes, et il fallut fermer au plus vite toutes les portes, et hâter la distribution. Je cherchai ce jour-là même un logement à Spandau, où cependant je ne devais pas revenir ; car le soir, en rentrant à Berlin, j'y trouvai ma nomination d'aumônier pour Rendsburg. »

L. P. Augustin avait contracté sa maladie, en administrant le sacrement de l'Extrême-Onction à deux soldats atteints de la petite vérole. Il avait à la main une petite plaie par laquelle le

---

(1) La famille Cohen s'était réfugiée en Suisse pendant la guerre.

venin s'était inoculé. Dès le 15 janvier, le curé de Spandau lui donna l'Extrême-Onction, à la suite d'une crise qui avait inspiré les plus vives inquiétudes. Il édifia vivement toutes les personnes présentes à cette cérémonie ; il renouvela ses vœux, chanta à haute voix, malgré ses grandes douleurs, le *Te Deum*, le *Magnificat*, le *Salve Regina* et le *De Profundis*, puis il se tint, les yeux constamment dirigés vers l'église, comme pour s'unir davantage à Jésus-Eucharistie.

Il demanda ensuite qu'on fit venir ses frères, et il leur exprima le désir d'être enterré dans les caveaux de Ste-Hedwige, s'il venait à mourir.

Dans la soirée du 19, comme l'a raconté M. le curé de Spandau, il fut beaucoup plus mal, et la sœur lui demanda s'il désirait voir son confesseur. « Je vais donc mourir, dit-il. Que la « sainte volonté de mon Dieu s'accomplisse ! D'ailleurs, si je « guéris, je verrai encore de tristes choses... Mais j'aurais voulu « travailler encore, pour gagner des âmes à Jésus ! »

Il se confessa, régla les intérêts de ses chers prisonniers, indiqua une certaine somme qui revenait à son couvent du Saint-Désert, puis il se recueillit profondément et se prépara à recevoir la sainte communion, qui lui fut apportée pour la dernière fois, à neuf heures du soir. Il resta longtemps absorbé dans l'action de grâces... A onze heures, ses gardes lui demandèrent sa bénédiction. (1) « Je veux bien, mes enfants, leur dit-« il ; mais il voulut se soulever sur son lit, pour accomplir cette « pieuse action avec plus de dignité. Il étendit alors les bras, « et prononça lentement, majestueusement, les paroles de la « Bénédiction. Il retomba sur sa couche, épuisé par cet effort : « Et maintenant, ô mon Dieu ! murmurat-il, je remets mon âme « entre vos mains. »

Ce furent ses dernières paroles ; il resta calme toute la nuit, ne fit aucun mouvement. Le bruit doux et faible de sa respiration indiquait seul que la vie ne l'avait point abandonné. Le lendemain matin, vers dix heures, il fit un léger mouvement, et, quelques minutes après, le P. Hermann n'existait plus ; il

_______________

(1) Un frère coadjuteur de la Compagnie de Jésus avait été adjoint à la Fille de Charité dont nous avons parlé.

s'était endormi doucement, saintement, dans le sein de Dieu, pour lequel son cœur n'avait pas cessé de battre depuis l'heureux moment où il l'avait connu.

Ses frères, appelés en toute hâte, arrivèrent trop tard pour recueillir son dernier soupir. Le mal avait fait de rapides progrès et déjoué toutes les prévisions. Ils s'occupèrent immédiatement d'exécuter ses dernières volontés. Ce ne fut pas sans peine, à cause de la maladie contagieuse dont il était mort, qu'ils purent obtenir de l'inhumer à Berlin, dans l'église de Sainte-Hedwige. C'est là qu'il repose, dans cette église où, en plusieurs circonstances, il a éclairé, consolé, fortifié tant d'âmes, sous le souffle de sa parole, animée par le plus vif amour de Dieu et la charité la plus ardente pour le salut de tous.

La France qui l'avait tant connu et aimé, apprit sa mort d'une manière inattendue, et Louis Veuillot, son ami, en annonçant cette nouvelle dans l'*Univers*, se fit l'écho de l'admiration générale pour cette noble et sainte vie.

« Le mois dernier, est mort à Spandau notre cher et ancien
« ami, le très digne Père Marie-Augustin, du Saint-Sacrement,
« Carme-déchaussé. Il s'était converti du judaïsme, et, sans
« s'arrêter, il était devenu prêtre et religieux. Le monde lui
« gardait le nom sous lequel il avait été longtemps connu, et
« que son talent de musicien avait fait célèbre. On l'appelait
« le P. Hermann.

» Il fut toujours un très bon et très saint religieux, austère
« et doux dans la sévérité de sa règle, qu'il garda parfaite-
« ment. Il allait pieds nus, quêtant, exhortant, prêchant, fon-
« dant des monastères, obéissant dans son ardeur, humble
« dans ses succès.

» Il est mort à Spandau, où il s'était rendu pour organiser le
« service religieux des prisonniers français. Comme il se dépen-
« sait tout entier à tout ce qu'il faisait, l'œuvre allait très bien,
« mais il en est mort. La lettre qui nous informe brièvement
« de cette fin apostolique nous dit qu'il n'a pu résister à l'excès
« de ses fatigues, et qu'on n'a pu obtenir qu'il prît d'autre
« repos que ce repos de la mort, don réservé de Dieu à ses
« amis fidèles.

» Etant ce qu'il était devenu par la grâce de Dieu, c'est
» ainsi qu'Hermann devait mourir (1). »

Après la mort du R. P. Augustin-Marie du Saint-Sacrement,
le Carmel français vécut encore dix ans de l'impulsion que lui
avait communiquée ses fondateurs, et il se continue florissant
dans le couvent de Londres, fondé par le P. Augustin, et celui
de Calahora (Espagne), fondé par le P. Pierre de Jésus-Marie-
Joseph. Quant à notre couvent de l'Ermitage, passant successivement sous la direction de divers prieurs, il gardait toujours
sa physionomie par l'influence du R. P. François qui y était
venu dès la fondation comme professeur principal du collège
de philosophie, et qui continua cette fonction avec les théologiens, malgré les charges alternées de prieur, de provincial et
de définiteur. Il y était encore, lorsque les premières lois mena-
çantes pour les Ordres religieux furent votées, et ce fut la
grande tristesse de ses derniers jours. Lui, l'âme de cette maison, qu'il avait créée en collaboration du P. Dominique, et à
laquelle il avait donné ses développements en bâtissant le collège de théologie et en construisant sa belle église, il voyait
venir l'heure où il en serait expulsé, après trente-cinq ans,
avec ses frères et ses fils !

Sa nature particulièrement sensible ne put résister à une
pareille perspective, et un jour une douloureuse rumeur se
répandit hors du couvent et dans tous les quartiers d'Agen :
le P. François était frappé d'une congestion cérébrale. On put
conjurer une catastrophe soudaine, et prolonger cette précieuse
existence, mais à condition d'éloigner le malade du lieu où il
avait été frappé et où devaient, hélas ! se passer bientôt des
évènements tragiques, auxquels il n'aurait certainement pas
résisté.

Une filiale hospitalité lui fut offerte au château de Franc, sur
la paroisse de Montbran, non loin de cet autre château où avait
été accueillie jadis la famille du P. Augustin. De longue date
cette résidence était familière au P. François. L'ancienne châ-
telaine, M^lle de Rissan, de sainte mémoire, avait été l'insigne

---

(1) Tous les détails sur la mort du P. Augustin sont empruntés textuellement
au beau livre du Chanoine Sylvain : « *Vie du R. P. Hermann, en religion
P. Augustin-Marie du Saint-Sacrement.* »

bienfaitrice du couvent de l'Ermitage à sa naissance, et l'héritière de son nom et de ses domaines resta dévouée à cette grande œuvre jusqu'au dernier jour. Sous son toit hospitalier, le vénéré Père allait passer ses dernières années, si douloureuses par la maladie et plus encore par la plaie saignante du cœur.

Malgré le silence qu'on gardait sur la marche des évènements, il savait que les jours de son couvent étaient comptés, et on ne put pas lui cacher la catastrophe, tout en lui dissimulant les pénibles détails.

On était au mois d'Octobre 1880. Mgr Fonteneau, alors Evêque d'Agen, voulut donner un suprême témoignage d'amitié aux religieux de l'Ermitage, en pontifiant le jour de Ste-Thérèse dans leur église. Les amis furent nombreux à cette fête, que tous pressentaient devoir être la dernière; et ce ne fut pas sans une impression de profonde tristesse que le P. Basile, alors prieur, s'inclina avec ses religieux sous la bénédiction épiscopale, au moment du départ de Monseigneur.

Aucun avis officiel n'avait pourtant été donné ; mais chaque jour les feuilles publiques faisaient connaître la fermeture de quelques maisons religieuses, et chaque soir on pouvait se dire : A quand notre tour ?... On se le dit encore au soir de Ste-Thérèse, mais c'était pour la dernière fois.

Le lendemain, dès la première heure du seize octobre, des coups sinistres se firent entendre jusque dans la ville. C'était le bris des portes du couvent. Elles furent brisées, en effet, et chaque religieux arraché de sa cellule et expulsé de l'enceinte. Seul, avec un père conventuel et un frère convers (1), le prieur était constitué gardien de la maison, et les scellés, posés aux portes de l'église, en interdirent l'entrée jusqu'au jour où les autels seraient démolis.

Ainsi allait rester pendant trente ans notre cher Ermitage, silencieux et désert. Sa désolation pourtant, qui semblait devoir être le dernier coup porté à la santé délabrée du R. P. François, produisit comme un sursaut à cette vie près de finir... Elle se prolongea plus de deux ans, comme une lente agonie... Et il ne

---

(1) Le P. Camille et le F. Paul.

cessait de demander qu'on le rapportât quelques heures à Agen, pour que, du pied du côteau au moins, il pût dire un adieu à son couvent, à son église, à la Vierge qu'il avait posée, comme sur un piédestal, au sommet du clocher... On se laissa vaincre à ses instances ; il vint une journée... Mais à l'aspect de ces lieux qui semblaient avoir pour lui une âme, et qui lui rappelaient tant de souvenirs, il ne put s'empêcher de supplier qu'on lui fît gravir le côteau, et deux de ses fils, devenus prêtres sous sa direction, et dès lors ses intimes amis, (1) ne crurent pas pouvoir lui refuser cette terrible épreuve, qu'il sollicitait si instamment. comme une dernière consolation. Ils le firent transporter... L'un d'eux brisa les scellés, dût-il encourir une amende ou la prison... Et le pauvre Père put tout revoir : ces corridors mornes et silencieux, ces cellules entrouvertes et vides, ces allées où l'herbe croissait, effaçant déjà les pas des religieux, ces grottes creusées dans le rocher, ce petit cimetière où il avait marqué sa place, cette église surtout qui conservait encore, dans les ornements dont elle était décorée, les apparences de la dernière fête célébrée sous ses voûtes, alors harmonieuses et maintenant muettes... Rien n'échappa à son regard, mais il se taisait et gardait dans son cœur toutes les émotions qu'un pareil spectacle devait y faire naître.

Quelques jours plus tard, sa tristesse eût été bien plus profonde : l'ameublement de l'église fut enlevé. Chaire, où il avait prêché ; confessionnaux, où il avait exercé plus intimement le saint ministère ; autels, où tant de fois il avait immolé la Victime... Tout disparut comme au jour fatal d'une ville prise d'assaut. Plusieurs voulaient cacher au vénéré Père, revenu à son refuge des champs, ce dépouillement qui eut les apparences d'un pillage, quoique la malveillance n'y présidât point. Pouvait-il l'ignorer jusqu'à la fin ?... Un de ses amis ne le crut pas..., et il but jusqu'à la lie l'amer calice de ce que nous pouvons bien appeler sa passion.

La mort ne tarda pas de mettre un terme à ce douloureux martyre. Il mourut, le 13 mars 1883, au château de Franc ; la cérémonie funèbre se fit dans l'église de Montbran, où l'on se

_______________

(1) L'abbé Jaffre et l'abbé Martin.

pressait plus qu'en ses beaux jours de fête. M. Rumeau, vicaire général du diocèse d'Agen, et aujourd'hui Evêque d'Angers, avait été prié de rendre un dernier hommage au cher et glorieux défunt. Empêché à la dernière heure, il pria lui-même un des fils spirituels les plus aimés du vénéré Père de le suppléer dans ce pieux devoir (1) ; et le cercueil fut déposé dans le tombeau de la famille de Rissan.

Réalisera-t-on jamais le rêve conçu par le panégyriste, en son allocution funèbre, il y a déjà vingt-huit ans ? Que le texte en reste du moins, en cette dernière des pages consacrées à la courte histoire du Carmel, restauré au côteau S. Vincent en 1846, et dispersé en 1880.

« O Père, comme les fils de Jacob, nous enlèverons un jour
« votre cercueil de la terre où vous allez dormir un premier
« sommeil ; nous le prendrons sur nos épaules et au lieu de
« l'arroser, comme aujourd'hui, de nos larmes amères, nous
« le couvrirons de fleurs, et nous entonnerons des chants de
« triomphe en le transportant sous cet arbre solitaire dont
« l'écorce garde encore l'inscription gravée par votre main : *Ici*
« *je dormirai et me reposerai en paix jusqu'à l'heure du*
« *grand réveil.* Hic in pace in idipsum dormiam et requies-
« cam. »

-----

(1) Ce ne fut qu'un cri du cœur ; mais l'allocution ayant été immédiatement transcrite, nous la donnerons en appendice, comme complément de ce simple récit.

# IX

## L'Ermitage depuis l'expulsion des Carmes
## jusqu'à l'installation
## des Missionnaires diocésains
## (1880-1911)

Après l'expulsion brutale du 16 octobre 1880, dont les exécuteurs doivent conserver quelque honte s'ils sont capables d'en sentir l'ignominie, les RR. PP. Basile et Camille, gardiens reconnus de l'immeuble, reçurent en cette triste journée et les jours suivants des témoignages de sympathie qui en diminuèrent l'amertume. Mais bientôt quel isolement dans ce monastère, peuplé la veille de trente religieux, conventuels, étudiants ou frères convers ! Et quelle tristesse devant ces portes brisées, ces salles désertes, ces cellules vides, ces corridors où le passage des cénobites ne révélaient plus la vie !

Deux pauvres pères, sequestrés dans ce vaste couvent, d'où ils ne pourraient plus sortir sans quitter leur costume, étaient réduits à vivre des aumônes spontanées qu'on leur offrirait, ou de la nourriture que des personnes charitables eurent quelques fois la pensée de leur servir.

Néanmoins un des frères convers expulsés, ayant pris de modestes habits séculiers, vint se présenter pour être leur serviteur. C'était le bon frère Paul, le neveu du P. François, momentanément réfugié auprès de son oncle au château de Franc. Il fut d'un grand secours aux deux gardiens du couvent, et servit d'intermédiaire entre eux et son oncle, qu'il visitait souvent dans les trois ans de sa lente agonie. Ayant toutes les habitudes de la vie religieuse, il remplissait les diverses fonctions partagées autrefois avec ses frères : Portier pour recevoir les visiteurs, réfectorier pour préparer la maigre nourriture des repas, sacristain de la petite chapelle, la grande église restant sous les scellés.

Cette douloureuse situation devait durer plus d'un an. Cependant les deux Pères quittaient souvent leurs chères livrées du Carmel, pour aller, sous le costume ecclésiastique, exercer le ministère de la confession en ville. Le P. Basile acceptait même de continuer ses prédications, pour lesquelles on faisait appel à son zèle d'apôtre et à sa parole d'éloquent orateur. Mais les jours approchaient où il faudrait prendre d'autres dispositions.

Mgr l'Evêque d'Agen souffrait de voir fermée une église où il y avait autrefois si grand concours de fidèles, et où les habitants du coteau étaient impatients de voir le culte rétabli. Il conçut la pensée d'acquérir le couvent, non pas au nom du diocèse, mais en son nom personnel, pour prévenir les tracasseries d'une administration aux aguets, dont on avait à redouter la malveillance.

L'immeuble appartenait depuis longtemps à une société tontinière, qui s'était providentiellement constituée en prévision d'un avenir incertain. Les Pères Basile et Camille faisaient partie de cette société ; ils décidèrent leurs co-propriétaires à la vente, et le 4 décembre 1881, le contrat fut signé. Le départ des trois religieux, que les circonstances imposaient, fut presque aussi douloureux pour eux que l'expulsion de l'année précédente. Ils s'établirent dans une simple maison de la ville, y gardant l'observance dans la mesure du possible, continuant leur ministère à l'extérieur, en attendant de meilleurs jours. Provisoirement Mgr Fonteneau confia la garde de l'Ermitage à un missionnaire diocésain, M. l'abbé Miaille, et il autorisa le Collège S. Caprais à en faire le but de ses promenades et la maison hospitalière de ses jours de congé.

Cet état de choses dura sept ans. Enfin le 1er mai 1888, un acquéreur se présenta qui semblait devoir promettre un retour aux exilés du monastère. C'était M. l'abbé Laveran (de Bordeaux), un ancien carme, sécularisé depuis les expulsions, et heureux de rendre le monastère à ses deux anciens collègues, sans espérance de pouvoir les rejoindre sous leur toit hospitalier.

Le P. Basile et le P. Camille revinrent donc à l'Ermitage après un exil de sept années, avec le frère Paul, qui leur était resté fidèle, même après la mort de son cher oncle, arrivée en 1883. Ils retrouvèrent leur petite chapelle, creusée dans le roc, près de la grotte et de la fontaine de S. Caprais, leurs cellules, à côté de trente autres qui devaient rester vides, la salle du chapitre, le grand réfectoire, la promenade vers le petit cimetière, où les croix mortuaires encore debout rappelaient sept ou huit religieux partis pour le ciel. Il ne restait que trois survivants pour peupler cette solitude.

Les anciens habitués du couvent reprirent peu à peu le chemin de l'Ermitage ; mais le culte restait interdit dans la belle église, et seuls les amis intimes pouvaient assister aux messes qui se disaient dans la chapelle mystérieuse de S. Caprais.

Parmi ces fidèles des anciens jours, qui allèrent en diminuant pendant treize années, on doit citer M. Rumeau, vicaire général, qui, élu comme Evêque d'Angers en 1899, voulut se préparer à son sacre par la grande retraite des quatre semaines de S. Ignace, sous la direction du R. P. Basile.

Dix-huit ans s'étaient écoulés depuis la grande expulsion, et deux encore après le sacre de Mgr Rumeau ; les trois pauvres reclus jouissaient du calme de leur vie solitaire, espérant la continuer jusqu'à une résurrection du Carmel français, ou tout au moins jusqu'au jour où ils iraient aussi dormir leur dernier sommeil près des tombes, bien gardées maintenant, de leurs anciens frères.

C'était compter sans la haine persévérante de leurs persécuteurs. Cette haine d'ailleurs fut singulièrement surexcitée par la loi contre les congrégations que Waldeck-Rousseau fit voter en 1901, sans en prévoir peut-être toutes les conséquences. Il sembla le comprendre plus tard, lorsqu'en 1903, il critiqua le projet de suppression de l'enseignement congréganiste, annoncé par le cabinet Combes, et la procédure injuste adoptée par le gouvernement et la majorité de la Chambre, dans le rejet en bloc des demandes d'autorisation formées par les associations religieuses. Regrets attardés d'un législateur qui aurait dû pressentir tout ce que la loi entraînerait d'applications criminelles, dans les interprétations qui devaient en être faites bientôt. L'œuvre de Waldeck-Rousseau préparait l'œuvre néfaste de Combes, et malgré ses protestations tardives, il porte dans une large part la responsabilité des malheurs survenus.

Sa loi fut votée le 1er juillet 1901. Quelques semaines après, le R. P. Basile était mis en demeure de demander une autorisation dérisoire, qui aurait été rejetée, comme le furent toutes celles qu'on sollicita. Il comprit très bien que ce n'était qu'un piège tendu à sa bonne foi ; il eut l'intelligence de la situation et le courage d'un noble refus. Il savait bien qu'il s'exposait ainsi à une nouvelle expulsion, comme celle qu'il avait subie vingt-et-un ans plus tôt, le 16 octobre 1880 ; mais il voulut en prévenir les circonstances dramatiques ; ses forces diminuées ne lui permettaient plus de s'exposer à de telles émotions.

Dès le mois de septembre il prit toutes ses dispositions, et le 29, fête de S. Michel, l'Archange protecteur de l'Eglise et de la France, il dit sa dernière messe à l'autel de S. Caprais, assisté par un homme de foi et de cœur, M. Costes, dont le nom doit figurer avec honneur dans l'histoire de l'Ermitage, et qui resta gérant du couvent, racheté par M. l'abbé Laveran en 1888, jusqu'à la nouvelle injustice qu'on préparait et qui fut commise en 1906.

Après cette messe du 29 septembre, qui eut quelque ressemblance avec les messes célébrées aux Catacombes quand les martyrs allaient partir pour le dernier interrogatoire et pour la mort, le vénéré père fit ses suprêmes adieux à son cher couvent, et se rendit au Petit-Séminaire, dans la maison de S. Dulcide, que Mgr Cœuret Varin y avait fait construire pour servir de retraite aux anciens du Sacerdoce. Le P. Basile revenait ainsi à son berceau. où il allait bientôt mourir.

Il avait été un des brillants élèves de cette maison, fondée modestement en 1818 par le Vénérable M. Tailhé, et devenue un grand établissement de deux cent cinquante pensionnaires, où les études s'étaient élevées à un niveau qui lui permettait de rivaliser avec le Petit Séminaire de la Chapelle, si magnifiquement installé à Orléans par Mgr Dupanloup. Après en avoir été le brillant élève, il en devint le professeur de cinquième, très apprécié, jusqu'au jour où Mgr Affre, d'immortelle mémoire (1), fonda la maison des Hautes-Etudes, dans l'ancien couvent des Carmes, à Paris.

L'abbé Audubert, (c'était son nom de famille), fut un des premiers étudiants de cette grande Ecole, avec l'abbé Lavigerie, son condisciple, mort Cardinal-Archevêque de Carthage, en 1892. A peine eut-il conquis sa licence ès-lettres, qu'il fut rappelé au Petit-Séminaire d'Agen, pour y professer successivement l'histoire et les humanités. Après cinq ou six ans de ce professorat, dont les élèves survivants se souviennent (2), il se sentit appelé plus haut et entra au Carmel, où il fut immédiatement remarqué comme un saint religieux et un prédicateur émérite, et où il remplit dans la suite les hautes fonctions de prieur, de définiteur et de provincial. C'est à ce dernier titre qu'il fit le voyage de Rome en 1870, pour en rapporter le corps du T. R. P. Dominique, Général de l'Ordre. Et maintenant, expulsé pour la seconde fois de l'Ermitage, il revient à son Petit-Séminaire, y demandant l'hospitalité pour ses derniers jours. Cette hospitalité fut de courte durée : à peine d'une quarantaine de jours. Epuisé par une vie de féconds labeurs et d'héroïques austérités, auxquels s'ajoutèrent les épreuves de vingt ans de persécutions, il mourut le 10 novembre 1906 ; et ne pouvant être enterré dans le petit cimetière de l'Ermitage, où il avait marqué sa place parmi les religieux morts avant lui, il demanda que sa dépouille mortelle fut transportée au cimetière de sa paroisse natale, où il repose parmi les siens, près de l'Eglise de son baptême et de sa première communion..

Le P. Camille s'était réfugié au domaine du Barrail, sur la paroisse de Brax, où une bienveillante hospitalité lui était assurée. Il y resta jusqu'à la fin de juin 1907, continuant le ministère de la confession dans une chapelle d'Agen. Il partit alors définitivement pour l'Espagne, sa patrie, et trouva sa place

---

(1) Mgr Affre, Archevêque de Paris, de 1840 à 1848, mourut frappé d'une balle, dans les journées de Juin, en s'efforçant d'arrêter la guerre civile.

(2) Ils ne restent plus que quatre : MM. les Chanoines Audhuy, ancien archiprêtre de Villeréal ; Faure, curé de St-Hilaire d'Agen ; Marès, archiprêtre de N. D. des Jacobins, et Martin, archiprêtre honoraire, en retraite, de Ste-Catherine de Villeneuve.

auprès d'autres qui l'y avaient devancé, au couvent de Calahora. Aussi bien avait-il perdu tout espoir de rentrer à l'Ermitage, dont M. l'abbé Laveran venait d'être dépossédé, après
dix-huit ans d'une jouissance reconnue parfaitement légitime...
Mais on avait à faire à un des trois célèbres liquidateurs, le
fameux Ménage...

On les connaît maintenant, parmi tant d'autres, ces trois
liquidateurs de la capitale : Ménage, Lecouturier et Duez, qui
furent chargés d'exproprier les grandes congrégations de France.
On les connaît depuis les jugements divers intervenus entre la
Grande Chartreuse et Lecouturier, et le dernier mot n'en est
pas dit ; on les connaît surtout depuis les assises qui ont discuté
et jugé à Paris, du 11 au 21 juin 1911, les malversations de
Duez.

Dès le début de 1908, des soupçons fondés planèrent sur les
liquidateurs ; peu à peu des irrégularités scandaleuses furent
découvertes et poursuivies. Enfin le 7 mars 1911, Duez, poussé
dans ses retranchements par son juge d'instruction, dut avouer
un détournement de *cinq millions* pour sa part... Il essaya de
diminuer ce chiffre devant les assises ; mais on posa *dix-sept
cent quarante cinq* (1745) questions au jury, qui répondit affir-
mativement A TOUTES... Et le coupable fut condamné à *douze
ans de travaux forcés.*

Un incident d'audience faillit ajourner cette sentence. Le jury
refusait de se prononcer, parce qu'il ne voyait que deux acoly-
tes de Duez au banc des accusés, Breton et Lefebvre. Il ne les
demandait pas tous, car ils étaient *Légion...*, mais le principal
au moins, Martin-Gauthier. Celui-ci, prévoyant l'issue du pro-
cès dès les jours de sa prison préventive, se fit porter malade,
offrit *cinquante mille* (50.000) francs de cautionnement, et
obtint une libération provisoire, sur engagement de comparaître aux assises. Il a trouvé plus prudent de passer habilement la frontière, et d'aller rejoindre les capitaux qui l'avaient
devancé. La cour d'assises de la Seine, statuant en l'absence
du jury, a condamné depuis par contumace Martin-Gauthier,
complice de Duez, à *vingt ans de travaux forcés...* et *trois
mille* (3.000) francs d'amende (?) On ne parle pas de dommages-
intérêts.

Quant à Ménage, son tour viendra, sans doute, de rendre ses comptes ; mais en attendant, voici comment il procéda à l'Ermitage.

Mgr Fonteneau avait acquis le monastère et ses dépendances, de la Société tontinière, le 4 décembre 1881. Il le revendit, le 1er mai 1888, à un carme sécularisé de Bordeaux, M. l'abbé Laveran, qui en donna la jouissance à ses deux anciens confrères du Carmel, les R. R. P. P. Basile et Camille. *Ceux-ci l'habitaient* à ce titre depuis *dix-huit ans*, lorsqu'en *1906*, le liquidateur Ménage, profitant du départ de *Mgr Fonteneau* pour le siège archiépiscopal d'Alby, s'imagina qu'il pourrait présenter l'acquisition de M. Laveran comme une vente *simulée*, et il fit si bien qu'il entra en possession, expulsa les deux pères Carmes, et mit le tout en vente, se posant en légitime possesseur.

Pour ne pas laisser profaner ces lieux bénis, souvenir de nos Martyrs des premiers siècles chrétiens, de nos Ermites du Moyen-Age et de la Renaissance, et de nos vénérés pères Carmes au XIXᵉ siècle, trois ecclésiastiques du diocèse, qui possédaient chacun un pied-à-terre sur le coteau, résolurent de racheter *pour la sixième fois*, l'Ermitage. Le vendeur maintenant était Ménage ; les acquéreurs sont MM. Astié, Goux et Tachouzin. Ils espèrent bien que leur acquisition ne sera pas contestée, à moins que le vendeur ne vienne déclarer, avant de comparaître au tribunal de Dieu, ne serait-ce que dans dix-huit ans, que sa vente était simulée, et n'obtienne d'être remis en possession.

Quoi qu'il puisse arriver (en nos temps tout est possible), MM. Astié, Goux et Tachouzin ont mis l'immeuble à la disposition de Mgr du Vauroux, Evêque d'Agen, qui y installa solennellement ses Missionnaires diocésains le 4 novembre 1910.

Voici en quels termes la *Semaine Catholique* rendit compte de cette installation, dans son numéro du 12 novembre :

*A l'Ermitage. — Réouverture de l'église.*—« Depuis le jour où les Agenais habitant le coteau avaient vu les ouvriers, charpentiers ou maçons, plâtriers ou peintres, travailler à la restauration de l'ancienne résidence des Carmes, à chaque fois qu'un missionnaire descendait les pentes du coteau, c'était une

question, toujours la même : « Quand aurons-nous la messe,
« monsieur l'abbé ? Va-t-on bientôt ouvrir l'église ? » Et le dimanche, les plus impatients ou les plus curieux entraient ;
mais la voyant toujours aussi pauvre, aussi nue, ils se deman-
daient si vraiment on songeait à l'ouverture...

« Maintenant, c'est chose faite. Elle a eu lieu vendredi dernier,
4 novembre, jour de la Saint-Charles. A qui s'étonnait du
choix d'une pareille date, Monseigneur dit les raisons. Une
pensée de reconnaissance, un souvenir délicat, un exemple à
proposer ont déterminé un tel choix. Il s'agissait de bénir la
maison et la chapelle des missionnaires. La Saint-Charles était
la fête de l'évêque qui, le premier, bénit, encouragea cette
œuvre. Le nom de Charles fut, avec celui de S. Paul, donné à
notre pasteur et celui-ci s'honore de signer tous ses actes de
ces deux noms d'apôtres. Enfin l'évêque de Milan fut, sous la
pourpre, un missionnaire, et récemment Pie X le proposait à
l'imitation des évangélisateurs d'âmes. Il n'en fallait pas davantage pour justifier cette date.

« Aussitôt la date connue, on rêva pour cette fête d'une splendide journée. Un ciel sans nuages dans lequel chanteraient les
cloches à la voix si longtemps attendue, un clair soleil dorant
une dernière fois les feuilles jaunies des arbres, une de ces ma-
tinées d'automne plus qu'aucune autre exquises. Nous n'avons
point eu tout cela. Le soleil bouda la fête ; mais son absence, si
elle fut regrettée, n'empêcha nullement les Agenais de parti-
ciper à la solennité.

« Dès la veille, les cloches, depuis trente ans muettes, se met-
tent à chanter. A les réentendre, chacun se sent joyeux. C'est
un peu du passé qui revient, et l'Ermitage, comme le château
de la légende, semble s'éveiller d'un long sommeil, pour revivre, grâce à une jeunesse nouvelle, une nouvelle vie. Malgré
la pluie qui tombe, fine, glacée, malgré le vent et la boue,
malgré l'heure matinale, nombreux sont les fidèles qui veulent
assister à la réconciliation de l'église profanée, à la messe célébrée par Sa Grandeur. Chemin faisant, on cause du passé, et
j'imagine que dut s'établir dans l'esprit des visiteurs anciens
une comparaison, en songeant à ce que fut la chapelle hier, à
ce qu'elle est aujourd'hui. Hier, c'était le porche aux massives

boiseries sculptées, la chaire aux fines ciselures, le chemin de croix monumental, les grillages de la clôture et, dominant le chœur des moines, l'orgue qu'un artiste fait vibrer, chanter, gémir à son gré. Hier, c'étaient la lente psalmodie de l'office, les voix mâles des religieux, leurs silhouettes avec la robe de bure et le manteau blanc. Hier, c'étaient les cinq autels splendidement décorés, illuminés, les figures extatiques, émaciées des fils de Sainte-Thérèse et de Saint-Jean de la Croix. Aujourd'hui, hélas ! c'est la nudité complète, la pauvreté simple, mais combien belle ! Sans leur décoration, les lignes harmonieuses de l'édifice montent plus pures. Il y a toutefois comme une tristesse mélancolique dans cette église longtemps désaffectée, *sunt lacrymæ rerum*. Dans les verrières les saints protecteurs de l'Ordre, Elie, Elisée, Simon Stock, semblent vouloir se cacher derrière les draperies fanées, et l'on se montre, non sans émotion, les grands bras de fer qui soutenaient la chaire maintenant absente, les autels dépouillés comme au jour du deuil solennel de l'Eglise, les niches vides de leurs saints, les piédestaux qui regrettent leurs statues, et tout au fond du chœur, plus blanche encore au milieu des peintures que le temps a épargnées et des ors qui n'ont point terni, la place où fut l'orgue.

« Pour cette journée, des mains délicates et pieuses ont fleuri les autels. Des plantes vertes, des gerbes de fleurs naturelles garnissent l'autel principal.

« A 8 heures, sous la pluie, Monseigneur procède à la réconciliation solennelle. Il asperge d'eau sainte les murs intérieurs et extérieurs, fait son entrée au chant des litanies des Saints, et chante l'oraison qui place l'église sous le patronage de N.-D. et de S. Vincent. Aussitôt après, la messe commence dans un recueillement tout intime. On devine l'émotion de la foule à son silence, à sa tenue. Chacun se laisse aller à ses souvenirs, à ses espérances. Tout favorise la piété. Un groupe de jeunes filles de la paroisse Sainte-Foy, des dames de la ville ont généreusement offert leur concours et se dépensent sans se ménager, contribuant ainsi à l'attrait et au succès de la fête. Disons tout de suite combien fut remarquable la partie musicale du programme, autant par la délicatesse et le bon goût qui avaient présidé au choix des morceaux, que par la sûreté, la maîtrise de l'exécution. Les solos par M<sup>lle</sup> Giraudel et M<sup>me</sup> Delbrel, les chœurs sous la direction de M<sup>me</sup> Portail ravissent les heureux assistants. L'inspiration du P. Hermann passe dans les doigts et dans l'âme de l'accompagnatrice, et volontiers j'imagine l'ombre du P. Augustin du S. Sacrement, désertant un instant le Ciel pour venir écouter dans un coin reculé du sanctuaire ses propres mélodies, et souriant d'aise à l'audition du cantique de *Marie Eustelle*, de *Pain vivant*, de *Je l'ai trouvé*. Sa Grandeur eut la joie de communier, à cette première messe publique, de nombreux fidèles.

« Quelques minutes avant l'heure de midi, Monseigneur bénit la nouvelle résidence des missionnaires. Au dehors, les joyeuses envolées de l'Angelus saluent la Vierge qui domine la flèche aérienne et protège la ville, les deux mains étendues sur elle. Au repas qui suit, les invités gagnés par le souvenir des lieux où nous sommes et de leurs anciens hôtes, redisent des dates et des noms glorieux, parlent l'histoire du Carmel. Que de souvenirs mériteraient d'être légués à la postérité et qui donc écrira l'histoire du couvent d'Agen ? (1).

« Pour la cérémonie du soir, l'assistance a presque triplé. Les beaux jours d'avant le départ des chers exilés sont revenus. Dans le vaste chœur, des prêtres en très grand nombre : chanoines, curés des paroisses de la ville, aumôniers, anciens missionnaires, prêtres retraités, prêtres des environs, jeunes vicaires, combien sont-ils ? Involontairement on cherche parmi ces camails, ces rochets, ces surplis, la robe brune, le blanc manteau des Carmes. Mais ne sont-ils pas plus que jamais présents à la mémoire fidèle, reconnaissante de tous ?

« Trois heures. Avant la cérémonie les missionnaires présents lisent à genoux, sur les marches de l'autel, devant leur Evêque, la main sur les Saints Evangiles, le serment prescrit par Pie X. La lecture finie, toute l'assistance chante le *Magnificat*. Une voix pure, céleste, implore le secours de la Vierge, dans l'*Ave Maria* de Rossini. Puis, maîtrisant son émotion, sa joie, la douleur physique qui l'étreint depuis quelques jours, M. le cha-

_____________

(1) Aurons-nous réussi à le faire ?.... Jh. M.

noine Bosq, avec cet accent convaincu et dans cette forme personnelle que tous lui connaissent, adresse l'hommage de son souvenir aux nobles proscrits de 1880, de sa reconnaissance à tous les bienfaiteurs de la nouvelle œuvre, spécialement à Mgr d'Angers, retrace à larges traits l'histoire de l'Ermitage, tour à tour lieu de plaisir et de prière, termine par l'espoir de retrouver ici les exilés d'hier, quand auront passé les sombres jours de la tempête persécutrice. Après lui, Sa Grandeur prend la parole. Dans une langue magnifique et qui revêt tour à tour toutes les formes de l'éloquence pour évoquer, charmer, persuader, conquérir. Elle dit sa joie de renouer la trame des jours anciens de l'Ermitage, sa gratitude pour les générosités connues ou anonymes qui lui permirent d'accomplir cette œuvre nouvelle sans grever le budget des œuvres diocésaines. Elle évoque de l'ombre du passé les austères et attachantes figures des Ermites, les Roudilh, les Zozyme, les frères Hélie, la silhouette de Charlemagne, d'Anne d'Autriche, des consuls agenais, du chanoine Tailhé, augustes visiteurs et bienfaiteurs, à des titres divers, de l'Ermitage. Et dans une envolée superbe, Elle nous montre l'éternelle jeunesse de l'Eglise, la gloire impérissable de nos martyrs, dont sa piété se plaît à restaurer le culte, termine en exhortant les nouveaux gardiens de l'Ermitage à puiser dans les traditions et les exemples des Caprais et des Vincent, la force courageuse de leur apostolat.

« Voulant encore donner une nouvelle preuve de son attachement à l'œuvre des missionnaires, Sa Grandeur recueille elle-même les offrandes pour la chapelle. Pendant ce temps, le chœur des chanteuses fait entendre le *Quid retribuam* de Lambillotte, et après le *Tantum ergo* de Dubois, la bénédiction du T.-S. Sacrement est donnée. Jésus a repris sa place dans sa demeure de l'Ermitage, d'où il pourra bénir la ville et la protéger.

« Un dernier chant, et c'est fini. Lentement, comme à regret, la foule se retire. Cette journée n'est-elle pas un rêve ? La pluie a cessé. Le soleil sur son déclin veut enfin luire. Et tous cependant, malgré l'ombre qui vient, ont l'impression que ses pâles rayons ne sont pas d'un couchant, mais d'une aurore. »

La fête de l'inauguration du 4 novembre 1910 fut suivie de près d'un évènement douloureux, qui jeta un voile de deuil sur cet heureux souvenir. Au lendemain de S. Charles, nos missionnaires diocésains reprirent la série de leurs prédications, et dans le courant du mois de mars le P. Bosq prêchait une mission à S. Aubin, petite paroisse du canton de Monflanquin. Ce devait être déjà la fin de sa carrière... Et nous ne saurions mieux faire que d'emprunter encore le texte de la *Semaine Catholique*, pour raconter cette sainte mort, couronnement d'une sainte vie.

« Le Père Bosq est mort ! » Ces quelques mots répétés au soir du Congrès de l'A. C. J. F. produisirent un profond étonnement, une légitime émotion. Le manque de détails sur cette fin si inattendue, ajoutait encore à la stupeur, car rien ne pouvait faire prévoir une telle nouvelle. Ses confrères partis en mission depuis trois semaines ne furent pas les moins douloureusement surpris.

«Tandis que la plupart l'imaginaient clôturant dans la joie une mission qui s'annonçait splendide, il était là-bas, étendu sur son lit funèbre, dans une chambre de presbytère de campagne, les yeux à jamais fermés, les mains jointes comme pour sa prière quotidienne, les traits reposés et souriants, beau de la majesté de la mort. Près de lui, aucun de ses fils spirituels ne se trouvait, mais pour le veiller une dernière fois trois prêtres de ses amis. Dieu lui fit cette grâce suprême de tomber en pleine bataille, à la veille d'une victoire, de mourir non loin de son pays d'origine Montayral, canton de Fumel, et de sa première paroisse, Cazideroque, qu'il n'oublia jamais, d'avoir pour l'assister des fidèles qui, depuis longtemps, le connaissaient et le vénéraient, des prêtres qui l'affectionnaient respectueusement.

«Ce que sa maladie suscita d'inquiétudes et sa mort de regrets, il est difficile de le dire. Durant les cinq jours de maladie du R. Père, la paroisse de St-Aubin donnait l'impression d'une grande famille préoccupée par le sort de l'un des siens. Tous, jeunes et vieux, s'informaient à chaque instant de l'état du cher missionnaire, offraient leur bonne volonté et se multipliaient pour remplir les offices de charité exigés par les circonstances. Il y aurait ingratitude et injustice à taire le dévouement de M. l'abbé Durand, de sa famille et de ses paroissiens. Tout ce que la charité, la délicatesse, la piété chrétiennes, le respect pour la vertu du cher malade et la pitié pour ses souffrances peuvent inspirer, soins assidus, longues veilles, prières, sacrifices, ils le donnèrent et sans compter. Deux autres confrères voisins n'hésitèrent pas à quitter leur paroisse pour essayer d'arracher à la mort celui qu'ils sentaient bien irrémédiablement perdu. Que tous veuillent bien recevoir ici l'expression de la reconnaissance de tous les missionnaires et de tous les amis du bon Père !

« Les funérailles furent un triomphe commencé à Saint-Aubin pour se terminer à Agen. Une fois la mort connue, la paroisse entière voulut contempler une dernière fois les traits du missionnaire, et défila devant sa dépouille, faisant toucher à ses mains jointes, chapelets, scapulaires, médailles, comme on le fait pour un saint.

« Le mardi 28 mars, elle se retrouvait à l'église, devenue trop étroite comme aux beaux soirs de la mission. Les hommes se disputèrent l'honneur de porter le cercueil sur lequel s'inclinaient, cravatés de deuil, les drapeaux des groupes de J. C. de Saint-Aubin, Lacaussade et Monségur. Les missionnaires conduisaient le deuil. M. l'abbé Duranthon, archiprêtre de Monflanquin, présidait les obsèques, assisté de nombreux prêtres amis du défunt. Au milieu de l'émotion générale, M. l'abbé Arade, missionnaire diocésain, dressa devant cette foule la figure de celui dont le cadavre était là, dans l'église, et montra dans le P. Bosq l'homme de la prière, du sacrifice et du pardon. Son langage simple, discret comme il convient à l'éloge, toujours élevé et toujours ému, gagna l'âme des auditeurs, et les larmes qui coulaient de tous les yeux répondaient à l'émotion de l'orateur et ajoutaient à la vérité des paroles prononcées. Le bon grain semé par le P. Bosq, c'est M. l'abbé Arade qui hier le liait en gerbes, et nous ne doutons pas que la moisson n'ait été splendide. M. l'abbé Couyba donna l'absoute et les paroissiens de Saint-Aubin, laissant partir à regret la dépouille mortelle de celui qu'ils avaient pu, malgré le court espace de temps, estimer et aimer, voulurent l'accompagner jusqu'aux extrêmes limites de la paroisse.

« Monseigneur l'Evêque avait manifesté le désir que le corps du R. P. Bosq reposât à Agen. Il voulut présider les obsèques, et celles-ci furent simples, mais combien touchantes! A l'arrivée du train, tout le clergé est réuni, les membres du chapitre (l'abbé Bosq était chanoine honoraire depuis 1907), clergé des paroisses de la ville, prêtres en grand nombre, religieuses de plusieurs ordres, délégation des petits travailleurs. Et tandis que sonne le bourdon de la Cathédrale, que du haut de l'Ermitage la cloche de l'église des Carmes semble pleurer celui qui, hier encore, lui permettait de faire à nouveau entendre sa voix, l'on se dirige vers la Cathédrale remplie d'une foule dominée par l'émotion, l'étonnement, le regret d'une mort si prompte. Le convoi est des plus simples. Point de fleurs, point de couronnes somptueuses, mais simplement des couronnes de verdure tressées par la reconnaissance des fidèles de Saint-Aubin. Monseigneur l'Evêque donne l'absoute. Le cortège se forme une dernière fois, pour se rendre au cimetière. Et, du haut de la terrasse des Carmes, où la retiennent sa douleur et son grand âge, une femme, une mère suit des yeux le convoi de deuil, adresse un dernier adieu à la dépouille de celui qu'elle aima plus que tout au monde, et dont elle n'a pu recevoir le dernier baiser.

« Faut-il essayer d'esquisser la physionomie du R. P. Bosq, vraie « physionomie de saint », a-t-on pu écrire avec raison. Le trait le plus saillant de cette figure sacerdotale si belle, fut *la piété*, née d'une foi profonde et génératrice d'un zèle dévorant pour le salut des âmes. La piété, l'abbé Bosq l'avait dès son premier âge. Enfant, il aimait s'exercer aux fonctions saintes du sacerdoce, prêcher devant l'auditoire le plus sympathique, son père, sa mère, quelques amis.

« Séminariste, il fut remarqué, sans se donner lui-même aucun relief, parmi les plus pieux... « également appliqué au développement de son intelligence par le travail et de son cœur par la « piété. » Ce témoignage d'un de ces anciens maîtres, devenu son père spirituel et son ami, un de ses condisciples nous le confirmait au retour du cimetière. « L'abbé Bosq, nous disait-il, fut « dès le Séminaire ce que vous l'avez connu, toujours pieux et « laborieux. » Sainte-Catherine de Villeneuve fut le premier poste qu'il occupa, comme vicaire, et déjà deux caractères du bon prêtre se révélaient particulièrement en lui, le goût de la vie intérieure et le zèle des âmes. Ce goût ne fit que s'accroître avec les années, soit à la Cathédrale, soit à Cazideroque. Son séjour dans cette paroisse fut une mission de cinq années. Sans le savoir, il se préparait au grand ministère de sa vie, celui des missions.... Ceux qui ont vu prier le P. Bosq, ne serait-ce qu'une fois, ne pouvaient l'oublier. Que de fois nous l'avons surpris dans le sanctuaire de N.-D. de Bon-Encontre, age- nouillé par terre, les yeux fermés, les mains jointes ou les bras en croix, à une heure fort avancée dans la nuit ! Depuis com- bien de temps priait-il ainsi ? Qui ne l'a vu et entendu à Lour- des, devant les piscines, pressant la Sainte-Vierge d'accorder le miracle, et l'obtenant parfois ? Sa foi en Dieu, son amour de Marie en de tels jours, le transfiguraient et, si j'ose dire, le met- taient hors de lui-même. Foi si convaincue, amour si ardent, qu'ils arrachèrent un jour à un spectateur de cette prière, ces mots qui sont un bel éloge : *Se la Biertze y ero pas, l'anio querre !* Durant les premiers jours de la mission de St-Aubin, il faisait de longues stations devant la statue du bienheureux curé d'Ars. Le peuple, qui devine d'instinct, volontiers compa- rait le Père à M. Vianney. Sa figure austère et pénitente, ses traits amaigris, sa tête penchée en avant dans la prière, four- nissaient des ressemblances et il nous souvient qu'au commen- cement de cette année, pendant une mission prêchée avec lui, nous l'entendîmes appeler « le curé d'Ars ! » — « Ah ! M. le « Curé, disaient les paroissiens de St-Aubin, que vous devez « remercier le bon Dieu, d'avoir permis qu'un saint meure chez « vous. Si nous pouvions garder son corps ! Ce serait une « bénédiction pour la paroisse ! »

« Les âmes vraiment sacerdotales offrent entre elles de singu- lières ressemblances. Si la piété du P. Bosq faisait songer à celle du saint curé d'Ars, il avait comme ce dernier, un amour profond des âmes. « *Da mihi animas, cetera tolle tibi* ». Ces pa- roles peuvent être la devise et le résumé de sa vie. La vie de missionnaire ne lui tenait tant au cœur que parce que plus vaste était le champ où il s'élançait à la conquête des âmes. Ses pré- dications impressionnantes de foi et de sincérité, de zèle aposto- lique et d'oubli de soi-même, où, dans l'exposition sans cesse répétée des grandes **vérités**, il faisait passer l'intime conviction de son âme sacerdotale, visaient toujours le pécheur pour le ramener. Il aimait toutes les âmes, car le bien que peut recéler une âme dégradée le réconciliait avec la plus coupable. Que d'âmes gagnées à Dieu et pour toujours! Combien d'autres soutenues, relevées, fortifiées! Ici nous touchons à un point trop délicat pour longuement insister. Seules pourraient parler les âmes dont il fut le directeur, âmes de prêtres et de religieuses, de grandes dames et de servantes, de jeunes filles du monde et de petites ouvrières. Au jour des solennelles révélations, on saura seulement tout le bien opéré par lui. Qui connaissait le P. Bosq ne pouvait s'en étonner. « Le sacerdoce, a écrit le P. « Lacordaire, est l'immolation de soi-même ajoutée à l'immola- « tion de J.-C. et celui-là y est appelé qui sent le prix et la beauté « des âmes. » Aux âmes, le P. Bosq sacrifia tout : ses jours, qu'il passait au confessionnal; ses nuits, consacrées à sa correspondance; sa santé, qu'il compromit par des excès de fatigue et de travail. « Ne reculez devant aucun effort, disait-il huit jours « avant sa mort aux paroissiens de St-Aubin. A trente-cinq ans, « je fus très malade. Je me relevai et depuis j'ai une santé de « fer. Je ne recule jamais. Et quand je sens mon corps accablé « de lassitude, je lui dis : Marche, marche encore, tu te repo- « seras assez quand tu seras dans la tombe! », ou encore (c'était le mardi avant sa mort ) : « Dites à mes chers enfants de « St-Aubin que les évènements qui interrompent la mission « sont une indication providentielle. Peut-être était-il nécessaire « de souffrir, et je suis heureux de souffrir. Peut-être fallait-il « attendre longtemps des hésitants, et je vois que mon séjour « sera prolongé pour les attendre. »

« C'est parce qu'il sentait le prix et la beauté des âmes qu'il s'attacha si fortement à cette œuvre des missions diocésaines. Elle fut la grande préoccupation de ses derniers temps. Il aimait raconter l'histoire de cette œuvre à nous, les jeunes, successeurs de ceux qui partagèrent avec lui les soucis, les difficultés du début et qui, fatigués avant l'âge, doivent se contenter d'exercer sur un théâtre plus restreint un zèle que les fatigues n'ont pas affaibli. Cette histoire, il avait rêvé de l'écrire. Maintenant il était heureux de savoir son œuvre désormais assurée, aimée et bénie de son Evêque, placée par des circonstances providentielles sur un terrain d'où elle pourrait mieux rayonner. Le 4 novembre dernier, encore que le surmenage l'eut abattu, il domina sa douleur pour dire sa joie. Et quand il sut qu'il allait mourir, sa dernière pensée, ses dernières paroles furent pour l'œuvre et les missionnaires : « Qu'ils « restent unis et fidèles à leur règlement ! » Ce fut pour nous son testament suprême.

« La mort le frappa, mais ne le surprit point. Curieuses ou plutôt providentielles coïncidences ! Alité le soir du 19 mars, fête S.-Joseph, pour qui il avait une dévotion particulière, il mourut, l'on peut dire, le 25 mars, un jour de fête de la Vierge si ardemment aimée par lui. Ce jour-là, tous ceux qui le soignaient savaient ses jours en danger. Lui ne s'en doutait pas. Il le comprit à la douleur, à l'anxiété des amis qui l'entouraient. « Suis-je en danger, et en danger immédiat? demanda-t-il ». — « Oui, père, votre état est très grave », lui fut-il répondu.— « C'est bien », et s'excusant de renvoyer ses confrères, ne retenant près de lui que M. le Curé de Saint-Aubin, il fait une confession générale de toute sa vie, dicte ses dernières volontés, communie, présente ses mains pour les onctions suprêmes, réclame sa croix de missionnaire, entre dans une longue agonie, meurt à l'heure fixée pour la clôture de sa mission. C'était le dimanche 26 mars, à deux heures de l'après-midi. Il avait 52 ans....

« Nous pleurons sa perte, plus encore la nôtre. Il est digne de vivre éternellement dans la mémoire des bons. Et il vivra longtemps dans le souvenir de ceux qui l'on connu, de ceux qui l'ont aimé. On l'aimait pour avoir caché ses austérités et sa supériorité, (il était un frère aîné à ses collègues), pour la confiance qu'il inspirait, car il était de ces prêtres qui imposent de l'attrait à première vue, — pour l'exemple qu'il donnait, il semblait que son passage établit un courant d'air pur, — on l'aimait parce qu'il entraînait vers les cimes. »

Nous n'ajouterions rien à cet éloge éloquent et mérité, et nous clorions à cette page la monographie de l'Ermitage, de 1790 à 1911, nous contentant d'y joindre deux appendices qui la complètent : l'éloge funèbre du T. R. P. François de Jésus-Marie-

Joseph, et la biographie abrégée de Mère Hedwige de la Ste-Croix, dans le monde Comtesse Wielhorska, qu'il prépara à sa vie du Carmel au couvent de l'Ermitage, et qui devint elle-même fondatrice et Supérieure générale des Carmélites de l'Adoration réparatrice, à Rome, à Lenola et à Porto-Maurizio... Mais un chapitre intermédiaire ne s'impose-t-il pas, qui jetterait un coup d'œil rétrospectif sur l'histoire des missions diocésaines, fondées par Mgr de Vesins, continuées par Mgr Cœuret-Varin, et finalement constituées par Mgr Sagot du Vauroux ? Il nous a semblé que c'était un complément nécessaire à cette histoire de l'Ermitage, qui va se continuer avec nos missionnaires nouveaux.

# X

## Les Missionnaires Diocésains à l'Ermitage. — L'église sous le patronage de S. Vincent

L'expulsion si brutalement faite, comme nous l'avons raconté, des RR. PP. Carmes, était une menace pour d'autres religieux. Les RR. PP. Maristes, installés comme missionnaires à Bon-Encontre, et au Grand Séminaire comme directeurs, pouvaient s'attendre d'un jour à l'autre, qu'ils seraient traités bientôt avec la même rigueur, et l'administration diocésaine dut se préoccuper dès lors de chercher comment elle pourrait combler le vide déjà fait, et celui qui se préparait à courte échéance peut-être.

Au moment où le P. Dominique et le P. Louis venaient solliciter, en 1846, d'établir un couvent du Carmel à l'Ermitage, Mgr de Vesins se disposait à installer les Maristes dans l'ancien couvent du Tiers-Ordre de S. François à Bon-Encontre. C'était à ses yeux une double bénédiction du ciel, et une double réparation des injustices de la première révolution. Les Carmes allaient remplacer à l'Ermitage les vieux Ermites, et les Maristes à Bon-Encontre, les Fils du patriarche d'Assise.

Les Maristes étaient depuis quelque temps dans le diocèse. Mgr de Vesins les avait appelés, pour l'aider à continuer l'œuvre immense accomplie par Mgr Jacoupy, son prédécesseur, pendant un épiscopat glorieux de près de quarante ans (1).

Quoique de date récente, la Congrégation de Marie avait déjà grandi dans les diocèses de Belley et de Lyon et ailleurs, et le

---

(1) Mgr Jacoupy fut un des évêques sacrés en 1802 dans la chapelle des Carmes, de la rue Vaugirard, où avait eu lieu le massacre des prêtres aux journées de septembre 1792.

Souverain-Pontife lui avait confié, parmi les missions étrangères, l'évangélisation de Samoa (Iles des Navigateurs), dans
l'Océanie. Depuis peu de temps établie à Verdelais, une de ses
communautés était particulièrement connue de Mgr de Vesins,
ancien vicaire général de Bordeaux, et il avait songé à en fonder une pareille dans son diocèse, dès qu'il fut appelé au siège
d'Agen.

Elle arriva sous la conduite du R. P. Convers, dont on appré-
cia bien vite l'apostolat, et dont on conserve pieusement la
tombe ; mais l'Ermitage, qu'on lui avait destiné d'abord pour
résidence, demandait une appropriation qui aurait exigé du
temps et des ressources. Alors d'ailleurs il était de difficile accès. Deux pentes assez douces, partant du pont de Rouquet et
du pont de Courpian, se rejoignaient à mi-côte ; mais de là au
sommet, il n'y avait qu'un chemin difficile et un rocailleux sen-
tier, et le Petit Séminaire lui-même n'avait guère pu bénéficier
de l'acquisition faite par son zélé supérieur (1).

Les Maristes préférèrent un pied-à-terre en ville, avec l'exercice du ministère à la chapelle de N. D. du Bourg, (*Chapelle
extérieure du Petit Séminaire*), ou dans la chapelle des Filles
de Marie.

Ce provisoire dura peu de temps. M. Tailhé, toujours à l'affût des bonnes œuvres à réaliser, racheta le couvent de Bon-
Encontre, d'où les Tierçaires de S. François avaient été expulsés depuis plus de cinquante ans, et il le mit à la disposition
des Pères Maristes. Le généreux bienfaiteur complétera plus
tard son œuvre, en se démettant une seconde fois de son cano-
nicat, (2) et en cédant sa stalle à M. l'abbé Caumont, pour qu'il
cédât lui-même au Supérieur des Maristes son titre de curé de
Bon-Encontre.

En attendant la direction de la paroisse, les missionnaires
commencent leur apostolat dans le diocèse, et attirent de plus
en plus les pélerins au sanctuaire de Notre-Dame (3).

---

(1) **Voir plus haut p. 10.**

(2) **Il y avait renoncé déjà, quand il fut nommé Vicaire Général.**

(3) **Ce sanctuaire remontait aux premières années du XVI° siècle, époque où la
statue miraculeuse fut découverte.**

Déjà même ils songeaient à la reconstruction de l'église ; mais le P. Convers mourut, et fut enterré dans la partie la plus élevée du cimetière de Bon-Encontre. Son successeur immédiat, le pieux P. Dumon, mena à heureuse fin cette glorieuse entreprise.

L'érection du monument absorba quelques années les sollicitudes de Mgr de Vesins, qui invita tout son diocèse à y coopérer, comme centre de sa dévotion à la Très-Sainte-Vierge. Enfin la consécration solennelle eut lieu à l'époque du concile provincial d'Agen (1857). S. E. le Cardinal Donnet, archevêque de Bordeaux, y présida, assisté de Mgr Georges, évêque de Périgueux, et de Mgr Landriot, évêque de La Rochelle, et entouré de tous les évêques de la province. On y entendit la parole éloquente de Mgr Pie, évêque de Poitiers, et celle de Mgr Cousseau, évêque d'Angoulême. Le concile y tint une session générale.

Pie IX devait plus tard (1) décorer l'édifice du titre de Basilique Mineure, et faire couronner en son nom la Vierge miraculeuse d'un diadème d'or. Enfin, Léon XIII ajouta à tous ces privilèges l'institution d'une fête, qui se célèbre chaque année dans tout le diocèse d'Agen.

Tel est le sanctuaire de Bon-Encontre, dont les R. R. P. P. Maristes furent les gardiens pendant un demi-siècle, et auquel ils contribuèrent si puissamment à rendre l'éclat des anciens jours. Mais leur œuvre capitale était celle des missions dans les paroisses du diocèse, et combien furent évangélisées par eux !

Cette évangélisation prit un caractère particulier pendant la longue vacance du siège (2), à la mort de Mgr de Vesins. Le Vicaire Apostolique de Samoa, Mgr Elloy, de la Congrégation de Marie, fut appelé en Europe, pour assister au Concile Œcuménique convoqué par Pie IX, et son séjour habituel, avant et après le concile, fut la communauté de Bon-Encontre. MM. les Vicaires Capitulaires profitèrent de sa présence pour les confirmations dans toutes les parties du diocèse, et ce pas-

---

(1) 1875.
(2) De 1867 à 1872.

sage prolongé de l'Evêque Missionnaire laissa une impression profonde, qui donna comme un nouvel élan à la prédication des PP. Maristes.

Mgr Elloy était devenu, en deux années, comme l'évêque d'Agen, et à son départ pour revenir aux Iles des Navigateurs, ce fut comme un deuil de famille dans le diocèse. Le saint évêque nous revint plus tard, mais épuisé par les travaux pénibles de ses missions de l'Océanie. On pensait qu'un séjour prolongé à Bon-Encontre pourrait rétablir sa santé ébranlée... Il n'y vécut que quelques mois, entouré des sympathies qu'avait provoquées son ministère d'autrefois, et sa mort, plus que son premier départ, fut un véritable deuil. Mgr Fonteneau, alors évêque d'Agen, voulut qu'il fût enseveli dans l'église même de Bon-Encontre. C'est là qu'il repose, en attendant l'éternité.

A la mort de Mgr de Vesins, tout le diocèse aurait voulu le même honneur pour son vénérable évêque ; mais la modestie du pontife avait d'avance mis obstacle à cet hommage, qui lui était bien dû. Une clause de son testament demandait, il est vrai, qu'il fût enseveli à Bon-Encontre ; mais au lieu de désigner la belle église, qui était son œuvre et une de ses gloires, pour le lieu de sa sépulture, son humilité avait sollicité une modeste tombe à côté de celle du P. Convers, son grand missionnaire, et son aide dans une autre de ses œuvres les plus importantes : la formation de son jeune clergé.

C'est avec le P. Convers, en effet, qu'il traita déjà la question de l'œuvre du Grand Séminaire, réalisée un peu plus tard.

Les PP. Maristes ne seront donc pas seulement les missionnaires du diocèse ; la direction du Grand Séminaire leur sera confiée dès l'année 1834, et ils la garderont jusqu'à l'expulsion, c'est-à-dire pendant cinquante ans.

Si ce n'était un sujet en dehors de notre cadre, que ne pourrions-nous pas dire à leur honneur, pour la formation du clergé agenais, durant un demi-siècle, au point de vue de la science et de la piété ? Nous donnerons au moins la nomenclature des supérieurs qui se succédèrent au Grand Séminaire comme à Bon-Encontre, et dont quelques uns furent des hommes éminents par les services rendus.

<table>
<tr><td>

Grand Séminaire :

P. Jacquet 1854
P. Fortoul 1856
P. Epalle 1860
P. Gaud 1866 ,
P. Foucheyran 1869
P. Jeantin 1871
P. Doize 1873
P. Fraysse 1886
P. Montagnier 1888-1903

</td><td>

Bon-Encontre :

P. Convers 1851
P. Dumon 1855
P. Chanut 1859
P. Jacquesson 1865
P. Deville 1868
P. Choisin 1872
P. Moulin 1877
P. Gilles 1886
P. Faivre 1888
P. Dapoigny 1894
P. Deville 1897 (2e fois)
P. Vert 1900-1903

</td></tr>
</table>

A cette double nomenclature, qui est à elle seule une histoire, nous ajouterons deux articles parus dans la *Semaine Catholique* du diocèse, qui semblent plus spéciaux aux Pères Directeurs du Grand Séminaire ; mais qui conviennent aussi bien aux Missionnaires de Bon-Encontre, comme un hommage dû à leurs long et fécond ministère.

# ADIEUX AUX PP. MARISTES

(Extrait de la *Semaine Catholique*, 10 octobre 1903)

C'est cette semaine qu'ils sont partis. Leurs anciens élèves, quand ils reviendront dans la sainte maison où ils ont été formés par eux, ne les y trouveront plus. Monseigneur l'Evêque a tout tenté pour être autorisé à les garder. Rien n'y a fait. En vain a-t-il démontré que la plupart étaient dans le diocèse depuis de longues années, qu'ils n'y avaient été admis que sur la production d'un acte de sécularisation qui les plaçait entièrement sous sa juridiction, qu'ils y avaient par conséquent acquis une sorte de naturalisation. En vain a-t-il établi que, pour le supérieur en particulier, il y avait reconnaissance tacite par le ministère de la régularité de sa situation, puisque ses lettres de sécularisation, envoyées au ministère en 1880, n'avaient provoqué aucune observation du ministre. En vain a-t-il offert d'en remplacer plus de la moitié, pour conserver à l'enseignement et à l'éducation professionnels des compétences éprouvées. Toutes ses tentatives ont échoué, et il a dû, le cœur serré, se résigner à leur éloignement.

Monseigneur l'Evêque a eu du moins pour ces collaborateurs qui lui étaient arrachés toutes les délicatesses qui pouvaient leur adoucir les rigueurs de la séparation. Il a voulu qu'ils restassent dans leur cher Séminaire jusqu'à la fin des vacances. Il a voulu qu'aux deux retraites tout le clergé pût les voir, les entretenir, échanger avec eux de saints et touchants adieux. La perspective de leur prochain départ fut la grande tristesse de la dernière retraite. C'était une échéance de deuil qui s'ouvrait pour un jour prochain. Les appartements du supérieur, P. Montagnier, et ceux des directeurs présents ne cessèrent d'être assiégés par une foule de prêtres de tout âge, désireux de serrer encore une fois la main à des pères, à de vieux amis, de recevoir d'eux un dernier conseil, d'échanger avec eux une dernière et cordiale étreinte.

A l'issue d'une des conférences de la retraite, Monseigneur exprima en son nom et au nom du diocèse les regrets que laisse ce départ. Il le fit dans les termes les plus délicats et les plus émus. Ce fut un hommage aux services rendus pendant un demi siècle par les Maristes aux générations sacerdotales d'Agen. Et rien n'était touchant comme ces larmes d'évêque qui semblaient couler sur des enfants de sa famille arrachés à sa tendresse, rien n'était touchant comme ces plaintes de père inconsolé d'un départ qu'il ne s'expliquait pas.

Tout prend fin cependant. On a beau retarder les échéances, elles arrivent. Cette semaine a vu la dispersion. Les PP. Maristes sont partis, comme les oiseaux migrateurs, avec octobre. Le supérieur s'en va à Barcelonne, à l'étranger, à 65 ans. Il était à Agen depuis 30 ans. L'exil est toujours dur, mais à cet âge ! Les autres ont pris des directions diverses, incertains de leur lendemain, ne sachant ni quel pain ils mangeront, ni même s'ils en mangeront. Le Père du Ciel s'occupera bien d'eux !

Les Maristes étaient à Agen depuis 1854. Ils y furent appelés par Monseigneur de Vesins, qui leur confia le Séminaire diocésain. A la tête de la maison, il y eut souvent des hommes remarquables, le P. Fortoul, le P. Epalle, le P. Gaud, le P. Doize, sans parler du P. Montagnier. Suivant le mouvement ascensionnel des études ecclésiastiques en France, les Maristes envoyaient, depuis nombre d'années, les futurs professeurs se préparer à Rome, et avaient pu placer ainsi dans plusieurs de nos chaires des hommes d'une compétence incontestée.

Accomplissant leur œuvre discrètement et opérant le bien sans bruit, comme le faisait remarquer cette semaine une feuille locale, ils n'ont jamais été mêlés à aucune affaire. Ils ne pouvaient susciter ni ressentiments, ni hostilités. Inconnus du peuple comme des grands, sans relations avec le monde ni avec le pouvoir, ils méritaient de demeurer ignorés de la politique, qu'ils semblaient ignorer si profondément. En revanche, connus et appréciés du clergé, ils demeuraient pour bien des prêtres des conseillers, des directeurs, des amis, après le Séminaire. On les consultait dans les difficultés du ministère. Ils éclairaient et dirigeaient bien des consciences ecclésiastiques. Très discrets vis-à-vis du clergé comme vis-à-vis du monde, ils vivaient à l'écart de sa vie, recevant volontiers les prêtres chez eux, mais consentant rarement à sortir du Séminaire pour prendre part aux réunions ecclésiastiques. Exemplaires d'ailleurs dans leur vie sacerdotale, ils étaient les modèles de leurs élèves, et méritaient par là d'en être les directeurs. Toutes ces qualités leur avaient valu l'estime, la confiance et l'affection du clergé diocésain.

Aussi, à leur départ, est-ce une sympathie unanime qui leur est témoignée. Prières, vœux et regrets les accompagnent. On voudrait espérer qu'emportés par une tempête d'automne, rigoureuse et implacable, ils seront ramenés par quelque futur et radieux printemps.

Ceux qui les remplacent au Grand Séminaire ne se blesseront pas de ce salut aux proscrits. Ils ont l'âme haute et le cœur bien placé. Ils savent d'ailleurs quelle sympathie les accueille, et quelles espérances se fondent sur eux. Ce sont nos frères. Ils prennent une place qu'ils n'ont ni déblayée, ni convoitée. Dieu

les y a appelés. Pour répondre à cet appel, plusieurs ont fait de
méritoires sacrifices. C'est avec respect et confiance que le jugement de leurs frères s'arrête devant eux pour dire : « La tâche
« est belle, mais ils en sont dignes. »

# DÉPART DES RR. PP. MARISTES
## DU GRAND SÉMINAIRE

L'émouvante scène de la clôture de la Retraite Pastorale a eu
son épilogue à la gare d'Agen.

L'adieu que l'on s'était dit aux pieds des autels était bien le
dernier. Cependant entre le sacrifice consenti et le sacrifice
consommé, le Père du Ciel laisse quelquefois à ses enfants des
heures précieuses, qui sont une trève pour les cœurs, qui pré-
parent et adoucissent, sur la terre, la tristesse des adieux sans
lendemain.

Aussi, quand lundi matin, 5 octobre, le R. P. Supérieur du
Grand Séminaire prenait l'express de dix heures, des délicatesses filiales avaient tenu à adoucir ce douloureux exode. Le
clergé de la ville, venu spontanément, stationnait sur le quai
de la gare, témoignant par son attitude attristée de son estime
et de son affectueuse reconnaissance pour celui qui allait partir.

La plupart n'ont pu retenir leurs larmes, enveloppant sans
doute dans une même vision, l'influence du bon Père sur leur
jeunesse cléricale, la fécondité de son apostolat et les tristesses
présentes de l'Eglise.

Tous les jeunes prêtres et les séminaristes de la ville étaient
là, visiblement troublés par l'imminence de la séparation et le
sentiment d'une reconnaissance impérissable.

Ils perdaient le Père qui se dévouait avec tant de talent et
d'abnégation à leur formation cléricale, le Père qui savait, avec
des délicatesses infinies, mettre en pratique le précepte du divin
Maître : « Que votre main gauche ignore ce qu'a donné votre
« main droite », le Père qui enveloppait sa charité de la même
modestie qui auréolait sa personne.

Jusqu'au dernier moment, Monseigneur était résolu à donner par sa présence à cette touchante et silencieuse manifestation la consécration de son autorité épiscopale. Oubliant les efforts tentés pour conserver à l'administration diocésaine ces précieux auxiliaires, oubliant les nombreux hommages qu'Elle leur avait déjà rendus publiquement, Sa Grandeur aurait voulu honorer jusque là celui qui fut toujours son fidèle collaborateur et son respectueux ami. On a craint les émotions pour notre auguste et bien-aimé convalescent ; on s'est défié, pour une fois, des rares qualités de son cœur, mais sur le quai de la gare, une lettre de Monseigneur est venue apporter au R. P. Montagnier les remercîments, les regrets et les derniers adieux de son évêque.

Comment, en présence de ces prêtres qui étaient déjà pour lui le passé, devant ce train qui allait l'emporter dans un avenir plein de mystères, notre cher Supérieur a-t-il pu conserver la sérénité et le sourire des jours les plus paisibles du Séminaire?

Mystère des grandes âmes ! Mystère des communications divines qui permettent de quitter la terre de France, de laisser ses amis sur tous les chemins, d'aller travailler sur une terre étrangère, quand, le soir de la vie commençant à tomber, tout l'être sollicite un peu de repos et beaucoup d'affection.

Courage, mon Révérend Père ! Vous ne quittez pas la terre de France, car vous restez dans nos cœurs ? L'affection filiale ne manquera pas à votre paternel isolement. Nous vous l'enverrons, tous les jours, dans une prière.

Mais Dieu ne pouvait couronner autrement que par l'épreuve, votre œuvre si féconde et si belle.

En nous laissant, vous remplissez jusqu'au bout votre mission, car il y a quelque chose de plus fécond encore que l'apostolat, c'est le sacrifice !

Plus de Carmes à l'Ermitage ; plus de Maristes à Bon-Encontre ! Il était indispensable de choisir dans le clergé séculier un groupe de prêtres capables de remplir ce vide immense, et de suppléer aux missionnaires que l'Evêque avait là, comme sous sa main, pour les prédications exceptionnelles à faire sous forme de missions, de retraites ou de préparations aux visites pastorales.

Le premier essai avait été tenté par Mgr Cœuret-Varin en 1894, et son choix s'était porté sur trois prêtres d'élite : *M. Bosq*, (de Montayral), ancien vicaire à Villeneuve-sur-Lot et à la cathédrale, devenu curé de Cazideroque, canton de Fumel ; *M. Ducourneau* (d'Unet), dont le ministère s'était partagé jusque là entre l'enseignement primaire dans les écoles libres et la prédication ; *M. Franco* (d'Agen), ancien vicaire à Ste-Livrade et à Villeneuve-sur-Lot. Ces jeunes et généreux apôtres se réunirent, sous la direction de M. Ducourneau, dans une maison de l'ancienne rue St-Martial (1), qui était affectée aux œuvres catholiques ; et ils se mirent à l'œuvre avec une ardeur qui fit bientôt espérer que les successeurs *remplaceraient* les exilés, sans les faire oublier.

L'année suivante M. Ducourneau fut rappelé à Unet, son berceau, par des intérêts de famille, et il y resta, sans cesser d'appartenir au groupe des missionnaires par le cœur et par l'action jusqu'à sa mort en 1906. Il fut remplacé, pour la prédication par M. Sabathié (de Villeneuve-sur-Lot), vicaire à Villeréal, et pour la direction de la maison par M. l'abbé Roques (de Villeneuve aussi), alors secrétaire à l'évêché, et plus tard chanoine titulaire ; mais M. l'abbé Bosq prit dès lors la direction des missions, et en 1900, il y joignit la direction de la maison avec le titre de Supérieur.

M. Boniface (de Villeneuve-sur-Lot), ancien curé de Serres, et en ce moment curé de St-Caprais de Lerm, vint, dès l'année 1896, remplacer M. Ducourneau à la maison de S. Martial, et s'y montra vaillant apôtre pendant dix ans, jusqu'au moment où sa santé compromise l'obligea à rendre les armes. Après une longue convalescence, il fut nommé archiprêtre de Laroque, en 1907.

------

(1) La rue S. Martial, du nom d'un de nos apôtres des premiers siècles du christianisme, est devenue rue *Joseph Bara*, le petit tambour de Palaiseau, depuis que nos édiles ont réformé la cité comme leurs devanciers de 1792 essayèrent de réformer le calendrier.

M. Sabathié l'avait depuis longtemps devancé dans la retraite. Dès 1898, cédant aux devoirs de la piété filiale envers une vénérable mère, qui était veuve depuis longtemps, et avait donné ses quatre enfants au service de Dieu (1), il demanda à rentrer dans le ministère, et devint successivement vicaire à Notre-Dame des Jacobins, et curé à Lamontjoie. En ce dernier poste il justifia le mot de l'Ecriture Sainte (2), et fournit en peu de temps une brillante carrière. Son action pastorale fut comme une mission continuée de quelques années, et il mourut d'une maladie contractée par l'excès de son zèle, en 1906. Ses paroissiens demandèrent de garder sa dépouille mortelle, et offrirent même une hospitalité indéfinie à sa digne mère. Elle resta quelque temps, en effet, auprès du tombeau que la paroisse avait élevé à son fils ; mais elle fit le sacrifice de s'en éloigner, pour vivre ses derniers jours à Villeneuve, où elle avait élevé ses enfants, et où la ramenait tous ses vieux souvenirs.

M. Despin, ancien vicaire à Notre-Dame de Tonneins, et alors curé d'Agnac, remplaça M. Sabathié en 1900, et fut nommé curé de Bon-Encontre en 1907, lorsque nos missionnaires purent reprendre possession de l'ancien couvent du Tiers-Ordre franciscain, d'où les Maristes avaient été expulsés en 1903, comme les Carmes de l'Ermitage en 1880.

Une nouvelle génération d'ouvriers évangéliques se forma alors sous la direction de M. Bosq et de son collègue des premiers jours, M. l'abbé Franco. Depuis dix ans, ils étaient à la grande œuvre entreprise, et restaient pour former les vaillantes recrues qui ne tardèrent pas à venir.

Dès 1907, M. Couyba (de Ste-Livrade), ancien vicaire à Meilhan et curé de Lacépède, devint missionnaire et fut suivi de près, en 1908, par M. Dessorbès (également de Ste-Livrade), ancien vicaire à Mézin et curé de Laparade.

L'année 1908 n'était pas écoulée, qu'une pénible épreuve se fit cruellement sentir à la communauté nouvellement installée dans la maison sanctifiée par le séjour des R. R. P. P. Maristes, qui s'y étaient succédé pendant cinquante deux ans.

---

(1) Son fils à l'autel, et ses trois filles à la Congrégation de la Présentation de Tours.

(2) *Consummatus in brevi, explevit tempora multa. (Sapient. IV. 12.)*

Une maladie grave frappa inopinément l'ardent M. Franco,
et mit ses jours en danger. C'était la conséquence d'un surmenage qui durait depuis quatorze années. Aussi la sentence
redoutée des médecins ne tarda pas à s'affirmer, déclarant que,
si le cher missionnaire guérissait, il devrait renoncer absolument à son pénible ministère. On n'osa pas lui communiquer
immédiatement cette décision, qui devait le frapper au cœur ;
mais sa convalescence, qui fut longue, lui enleva au jour le
jour toutes ses illusions... Et Mgr l'Evêque put lui annoncer
délicatement qu'il lui réservait un ministère plus doux, mais
laborieux encore, en le nommant curé du Passage-d'Agen, à
quelques pas de sa famille, et en ajoutant à ce titre celui de
directeur des œuvres de persévérance de jeunes filles dans tout
le diocèse. C'était en quelque sorte une continuation, mais
moins fatigante, de sa glorieuse carrière.

On avait espéré que M. Gautherie, vicaire de St-Hilaire,
pourrait lui succéder ; mais il ne passa qu'un an à Bon-Encontre, et il fut heureusement remplacé en 1910 par M. Arade (de
Montastruc), qui avait été remarqué pendant onze années
comme vicaire, successivement à Notre-Dame de Tonneins, et
à Ste-Foy du Sacré-Cœur, à Agen.

Le séjour à Bon-Encontre ne se prolongea que d'un an encore. Mgr du Vauroux résolut d'y ramener le Petit-Séminaire,
exilé de la ville épiscopale depuis l'inique expulsion de 1903,
et d'installer les missionnaires à l'Ermitage qui venait d'être
racheté. Nous avons raconté plus haut (1) cette installation,
faite solennellement le 4 novembre 1911 dans l'église construite par les RR. PP. Carmes, fermée depuis trente ans, et
enfin rendue au culte.

La première pierre de ce bel édifice avait été posée au lendemain d'une fête inoubliable de la cité d'Agen en l'honneur de
la proclamation du dogme de l'Immaculée-Conception, et nous
avons dit comment Mgr de Vesins la bénit et comment Mgr
Garrelon la consacra sous le vocable de Marie Immaculée.

Mgr du Vauroux ne veut point que de tels souvenirs puissent
être oubliés, quoique la consécration de l'église soit perdue par

_______________

(1) Voir page 87 et s.

la démolition de l'autel majeur. Elle restera donc sous le vocable de l'Immaculée-Conception. Mais la liturgie distingue assez souvent le *Titulaire d'une église* et le *Patron du lieu*, et pour que les deux martyrs les plus célèbres de l'Agenais aient chacun leur glorieux sanctuaire dans la ville épiscopale, St-Caprais ayant la cathédrale pour église *Titulaire*, Mgr l'Evêque met l'église de l'Ermitage sous le *Patronage* de S. Vincent. Espérons que, l'autel majeur reconstruit, nous assisterons à une consécration nouvelle, et que, sous les voûtes sacrées, nous invoquerons ce jour-là et à toujours l'Immaculée Vierge Marie comme *Titulaire* et le saint martyr comme *Patron*.

Le culte séculaire de S. Caprais et de S. Vincent continuera d'ailleurs dans la chapelle mystérieuse, creusée sous le rocher, près de la fontaine conservée qui jaillit à la prière du pontife, lorsque partagé entre les soucis que lui donnaient son troupeau errant, et la vue des supplices auxquels étaient condamnés quotidiennement ses fils de la cité, il demanda à Dieu un signe de sa puissance, s'il devait descendre de la colline et affronter le martyre.

Voilà donc nos chers missionnaires définitivement installés à l'Ermitage. Ils ont fait solennellement la profession de foi ordonnée par le Souverain Pontife Pie X contre le modernisme, en présence de leur Evêque, devant une assemblée nombreuse et sympathique, et ils vont immédiatement reprendre la suite de leurs prédications un moment interrompues.

Ils sont quatre : un ancien, le Père Bosq, et trois nouveaux-venus, mais déjà préparés au ministère qui leur incombe, MM. Couyba, Dessorbès et Arade... Ils ne se comptent pas ; mais ils comptent sur la grâce de Dieu, qui soutiendra leur courage, et bénira leur bonne volonté. Sans cela que pourraient-ils espérer, au souvenir des missionnaires de Bon-Encontre, qui ont fourni avant eux, une si belle carrière, et des Pères Carmes qui, par la prière, la mortification, l'apostolat et l'exercice du saint ministère, furent pendant trente ans une source si féconde de bénédictions pour la ville épiscopale et pour tout le diocèse d'Agen ?

Hélas ! cinq mois plus tard une nouvelle épreuve était bien faite pour les décourager. Victime de son zèle, poussé jusqu'à l'imprudence, leur cher Supérieur, succombait au cours d'une mission, comme nous l'avons raconté (1).

Ils ont perdu leur modèle et leur père... C'est une perte que rien ne paraît devoir réparer... Néanmoins un jeune frère vient se joindre aux trois survivants, M. Découls, déjà exercé lui-même à tous les genres d'apostolat... Et confiants en la puissance et en la bonté de Dieu, sous la protection de la Vierge Immaculée et de nos saints martyrs, et avec un courage qui accepte tous les combats, les quatre intrépides athlètes s'élancent résolument dans l'arène, se souvenant que douze pauvres pêcheurs de Galilée parurent suffisants au Maître pour convertir le monde, et espérant sans trop de témérité qu'avec les bénédictions du ciel ils pourront eux aussi faire un peu de bien dans le diocèse d'Agen. Ils ont déjà donné leur mesure, le clergé paroissial y applaudit, et tout fait présager qu'ils justifieront la confiance de leur Evêque.

------

(1) Voir page 92 et s.

# PREMIER APPENDICE

**SOUVENIR D'UNE ALLOCUTION**, prononcée dans l'église
de Montbran, sur le cercueil
du **T. R. P. François de Jésus-Marie-Joseph**,
ancien provincial des Carmes-Déchaussés (mort le 13 mars 1883)

---

« *Bonum certamen certavi, cursum consummavi, fidem ser-*
« *vavi, in reliquo reposita est mihi corona justitiæ.* — J'ai
« combattu le bon combat, j'ai achevé ma course, j'ai gardé la
« foi ; je n'ai plus qu'à recevoir la couronne de justice. » (I Tim.
IV 7 et 8).

O Père, vous au cercueil !... et moi dans la chaire, pour vous
dire le dernier adieu, et édifier une fois de plus par votre souvenir cet auditoire, qui vous fut si sympathique, et qui vous
pleure !...

Non, je n'ai pas cherché longtemps dans nos Saints-Livres
une parole qui pût vous peindre tel que nous vous avons
connu... Je ne le pouvais pas ; les circonstances m'ont condamné à savoir un des derniers votre sainte mort, et j'ai dû
songer à rappeler immédiatement votre sainte vie... Le texte
de Saint Paul s'est présenté de lui-même à ma mémoire : « J'ai
« combattu le bon combat, j'ai fourni ma carrière, j'ai gardé la
« foi, il ne me reste qu'à recevoir la couronne. »

Malgré la disproportion qu'on trouve toujours, Mes Frères,
entre le Grand Apôtre et ceux qui le suivent de loin au service
de Jésus-Christ, il y a tant d'analogie entre la vie de Saint Paul
et celle du saint religieux que nous pleurons, qu'on peut les
résumer l'une et l'autre dans les mêmes termes... Vocation,
apostolat, solitude, exil, persécution, rien ne manque jusqu'au

martyre, pour justifier ce rapprochement ; jusqu'au martyre, ai-je dit, s'il s'agit au moins de ce martyre qui précéda pour l'Apôtre le glaive du bourreau, et dont il parlait aux Corinthiens : « Je meurs tous les jours. *Quotidie morior.* »

Ceux qui ont connu la vie intime du T. R. P. François : sa *foi* vive, son *ardeur* au service du Maître, sa *persévérance* dans une longue carrière, qui dura cinquante ans, ceux-là avaient dit le texte avant moi : « *Bonum certamen certavi, cur-* « *sum consummavi, fidem servavi, in reliquo reposita est mihi* « *corona justitie.* » Et ceux d'entre nous qui le connaissaient moins comprendront, après la rapide esquisse d'une si belle vie, dont j'indiquerai à peine les grandes lignes, que nous osions mettre sur ses lèvres, désormais silencieuses, les paroles testamentaires de Saint Paul : « J'ai combattu le bon combat, j'ai « fourni ma carrière, j'ai gardé la foi ; il ne me reste qu'à rece- « voir la couronne. »

Ce n'était pas à moi de parler aujourd'hui ; une voix plus autorisée devait se faire entendre... (1). Un des religieux formés par lui à la vie du Carmel, aurait pu révéler des vertus qui restent le secret du cloître... J'ai un titre pourtant, qui excuse ma témérité ; je fus un de ses fils de prédilection ; il me prépara au sacerdoce, et, le jour de ma première messe, c'est lui qui m'assista au saint autel. Plus d'une fois il me fit son confident, à certaines heures d'intime souffrance, et je n'oublierai jamais cette dernière promenade, si pleine de tristesse, que nous faisions ensemble, il y a huit jours, et dans laquelle il épancha si douloureusement son âme dans la mienne, en m'entretenant des récentes expulsions.

Je parlerai donc, sans espérer répondre à votre attente, et encore moins m'acquitter envers lui... Mais puisque la déférence à un désir exprimé et la piété filiale m'en font un devoir, je dessinerai, à larges traits, cette grande et sainte vie religieuse, qui dura un demi-siècle, et qui fut si bien remplie.

Ave Maria.

---

(1) M. Rumeau, vicaire général, aujourd'hui Evêque d'Angers.

# I. — La Foi... L'Espagne

« *Fidem servavi.* — J'ai gardé la foi ». Souffrez, mes frères, que j'intervertisse l'ordre du texte sacré. La Foi du R. Père doit être signalée en première ligne ; il l'avait reçue de Dieu par l'intermédiaire d'une sainte mère, dont il a gardé si filialement le souvenir, et pour qui il eut toujours une affection si tendre ! Nous le verrons faire à Jésus-Christ tous les sacrifices, sans exprimer un regret ; mais qu'il était ému quand il nous parlait de sa mère, et que les larmes trahirent souvent son courage, quand il baisait la médaille de Sainte Thérèse, que la main maternelle avait attachée à son chapelet de religieux !... Cette foi héréditaire de la famille et de la patrie fut le fondement et l'inébranlable soutien de l'édifice... Il en donna le premier témoignage éclatant avant de finir sa seizième année. Alors, en effet, se fit entendre à lui cette voix mystérieuse qui demandait le plus généreux de tous les sacrifices : « Quittez votre famille, « la maison de votre père, et venez dans la terre bénie où j'ai « préparé votre demeure. *Egredere... de cognatione tuâ, et de* « *domo patris tui, et veni in terram quam monstrabo tibi.* » (Gen. XII 1.) La terre bénie où Dieu l'appelait était le Carmel, et le jeune adolescent répondit comme le patriarche, disposé à toute immolation : « Me voici, Seigneur. *Adsum !* » (Ibid.)

Le noviciat passa rapidement, et au jour de sa profession il se donna à Dieu pour jamais et sans partage. Nous savons s'il a tenu ses engagements, nous qui l'avons suivi de près jusqu'à sa dernière heure... Sa vie religieuse peut très exactement se résumer en deux mots : prière et travail ; prière, qui préparait le *saint*, connu de tous ; travail, qui préparait l'*érudit*, connu seulement des plus intimes. Il était difficile d'approcher le P. François, sans comprendre qu'on avait affaire à un homme de Dieu... Le savant se voilait plus facilement dans l'humilité de sa modestie, quoique des éclairs, échappés à la nue, l'aient trahi plus d'une fois.

L'Ecriture et Saint-Thomas l'ont à peu près absorbé ; mais ses nombreux élèves savent comment il les possédait, et comment il les exposait dans ses leçons entraînantes... Son enseignement était à la fois chaleur et lumière... Et il enseigna toute sa vie... En maintes circonstances, nous nous donnions la satisfaction de mettre à l'épreuve, dans l'intimité, sa prodigieuse mémoire. Ouvrant au hasard la Bible, nous lisions un verset, et il continuait la page sans une hésitation et sans un changement dans le texte. Mieux encore, nous lui montrions le spectacle des champs, des montagnes, de la mer ou du ciel... Et combien de temps restions-nous suspendus à ses lèvres, tandis qu'il redisait les descriptions de Job, du Psalmiste et des autres écrivains sacrés ?..

Après les huit premières années de sa vie religieuse, un grand événement, le plus grand depuis sa profession, vint lui apporter des émotions que la profession elle-même ne lui avait point communiquées. Etre appelé de Dieu et se donner à Lui sans partage, en prononçant les vœux de religion, c'est assurément un honneur et un sacrifice dont le monde ne comprendra jamais ni la gloire ni les enivrements ; mais arriver à la dignité sacerdotale et immoler, ne serait-ce qu'une fois, la Sainte Victime, c'est le ravissement inénarrable. Il me résumait un jour en ces mots ces deux époques mémorables entre toutes : « Dans « ma profession, je me donnai à Dieu... Dans mon sacerdoce, « Dieu se donna à moi ! » Et je pouvais d'autant mieux comprendre le sens élevé et profond de cette grande parole, qu'elle m'était dite par lui, entre mon ordination et ma première messe. Comme il la commenta d'ailleurs dans cet entretien intime que nous eûmes ensemble, quand il m'accompagna de la maison de mon père à l'autel que j'allais gravir pour la première fois !

Mon bonheur lui rappelait le sien vivant encore ; la joie des miens lui rappelait les joies de sa famille à pareille heure, joies qui furent, hélas ! bientôt changées en larmes ; car son ordination fut suivie de près par un édit injuste qui le condamnait à l'exil.


## II. — Le Combat... La France


« *Bonum certamen certavi.* » Jusqu'ici nous n'avons vu le saint religieux appelé qu'à de faciles combats. Il avait sacrifié à l'appel de Dieu le foyer domestique et le monde ; il s'était immolé lui-même dans une généreuse oblation ; mais, il en convenait sans peine, ses premières victoires avaient été aisément remportées. La grande épreuve, ce fut l'exil. Chassé de son couvent, banni de sa patrie, de douloureux sacrifices s'imposaient ainsi à lui, après les sacrifices volontaires qu'il avait faits à Dieu. La parole du Seigneur au patriarche se faisait entendre maintenant sans restriction et sans réserve, car elle ne demandait pas seulement l'abandon du foyer et de la famille, il fallait rompre d'autres chaînes et quitter la terre natale : « *Egredere de terrâ tuâ* ».

Il ne partit pas seul pour la France ; il m'en voudrait de ne pas nommer ici ceux qui le précédèrent où l'accompagnèrent dans l'exil ; nous les avons connus, et nous les avons vus à la grande œuvre de la restauration du Carmel. C'était d'abord le R. P. Dominique, et à sa suite les Pères Louis et Raymond, ses deux premiers coopérateurs dans son immense entreprise. Ceux-là ont devancé notre vénéré P. François dans la tombe et dans le Ciel ; mais il y a un survivant qui fut plus spécialement son aide et son soutien dans l'installation de son couvent d'Agen ; car si le P. Dominique, aidé des Pères Louis et Raymond, fut véritablement le restaurateur du Carmel en France ; le P. François, aidé du P. Emmanuel, fut réellement le fondateur du couvent de l'Ermitage.

L'Ermitage !... Providentielle destinée que celle de notre Sainte Montagne !... Aux premiers siècles, elle servit de refuge à nos martyrs et à nos confesseurs de la foi ; au moyen-âge, elle abrita nos ermites ; de nos jours, elle a vu toute une colonie de religieux y dresser d'abord leurs tentes, y fonder ensuite un monastère et y bâtir une église qui nous promettaient pour toujours la protection de leurs prières et l'édification de leurs exemples. Après moins de quarante ans, les passions des hommes ont rendu inutiles de si généreux efforts... Mais que notre juste indignation ne devance pas les évènements, et, avant de parler d'une expulsion que tout cœur honnête doit flétrir, disons, à la gloire du cher P. François, comment la colline se couronna des monuments qui y restent debout comme une protestation et une espérance.

Oui, ce monastère et cette église furent son œuvre. C'est autour de lui que se groupèrent les bienfaiteurs, parce qu'ils avaient senti qu'il serait l'âme de l'entreprise. A tous, et ils sont nombreux, il a donné hautement le témoignage de sa reconnaissance ; mais il en est dont l'action se fit plus particulièrement sentir, et auxquels il faisait justement remonter, après Dieu, le mérite de son double succès : ils furent en quelque sorte la providence de la première heure ; et quand il voulut édifier un temple, plus digne que la mystérieuse chapelle de la majesté sainte, et plus en harmonie avec le ministère fécond que lui et ses frères exerçaient déjà parmi nous, une conversion miraculeuse lui envoya des mers lointaines un voyageur inconnu, dont les libéralités firent les principaux frais de l'édifice. Cet humble voyageur demanda pour toute reconnaissance un abri dans le couvent hospitalier ; il y vécut plusieurs années sous la bure et sous le nom de *Petit Frère Joseph* ; il y dort maintenant son dernier sommeil sous la croix qui ombrage sa tombe.

Dès le début des constructions, surgirent des difficultés imprévues qui pouvaient tout compromettre. On vit immédiatement que la générosité des bienfaiteurs ne suffirait pas à l'œuvre, et là commencèrent pour le vénéré Père des sollicitudes qui allèrent plus d'une fois jusqu'au découragement, et dont quelques amis surent toute l'amertume. On a pu dire que chaque pierre fut arrosée de ses sueurs ou de ses larmes. Aussi avec quel élan il chanta son *Nunc dimittis*, lorsque Monseigneur de Vesins ouvrit la nouvelle église, ou lorsque Monseigneur Garrelon, R. P. Éphrem, un fils du Carmel et un enfant du diocèse, venu de ses missions lointaines, en fit la consécration solennelle !

Certes, on avait admiré ses éminentes qualités sacerdotales dans l'humble chapelle monolithe de l'Ermitage ; mais dans la basilique, dédiée à l'Immaculée-Conception, elles se manifestèrent avec un plus grand éclat. Qui oubliera sa piété de séraphin au saint autel, quand il offrait le divin sacrifice ; son éloquence d'apôtre, quand il montait dans la chaire sacrée ? Et quelles âmes, dirigées par lui, ne se souviendront pas, jusqu'à la dernière heure, de ses sages conseils au confessionnal, où il se montrait juge si impartial, médecin si dévoué et si prudent, mais surtout véritablement père au sens de l'Evangile ?.. Parlez-donc avec moi, vous qui fûtes aussi ses enfants, et pour lui rendre témoignage, joignez votre parole à vos sanglots que j'entends, et à vos larmes que je vois couler, en sanglotant moi-même et en versant mes larmes !..

Si nous avons tant admiré et aimé en lui le prêtre, c'est que la vie religieuse y avait préparé la sainteté sacerdotale. Qui se montra jamais plus que lui scrupuleusement fidèle à l'observance ? Il savait que la moindre défaillance sur ce point amène des abus, et que les abus successifs nécessitent les réformes, Aussi se montrait-il toujours inflexible, quelquefois sévère... Le premier donnant l'exemple, il ne souffrait pas qu'au-dessous de lui on tergiversât avec le devoir, et son commandement revêtait, au besoin, un caractère d'énergie auquel on ne résistait pas. Loin de lui aliéner les cœurs, ce nerf maintenu dans la discipline, augmentait en lui la confiance ; on savait d'ailleurs qu'à lui aussi on pouvait appliquer le mot de Lacordaire : « Fort « comme le diamant, et plus tendre qu'une mère. » On le lui prouva dans toutes les élections, en lui donnant, à chaque chapitre triennal, des charges importantes, et une fois à l'unanimité, la direction de toute la province.

## III. — La Fin... Le Château de Franc

Le fardeau du gouvernement ne pesait plus sur ses épaules, quand l'iniquité se préparait à expulser les religieux de leurs couvents, et à renouveler un crime déjà commis, dont la France, la vraie France, n'a pas cessé, depuis bientôt un siècle, de déplorer les conséquences et de condamner l'injustice. Il voyait au poste honoré, mais difficile, de provincial, un de ses fils, son secrétaire d'autrefois et toujours son confident intime. Ainsi, délivré de la charge, il continuait à en partager les sollicitudes ; et quoique placé au second rang, il exerçait toujours une haute influence, et son cœur allait être le premier et le plus terriblement frappé.

Quelques mois avant l'évènement, la nouvelle répandue que le fatal décret était signé, porta le coup dont notre vénéré Père ne devait pas se relever. Il perdit subitement l'usage de la parole, et ses yeux si vifs ne purent plus supporter la lumière du jour. Ses amis les plus intimes obtinrent seuls la triste satisfaction de lui serrer la main, dans l'obscurité de son humble cellule ; encore ces entrevues étaient-elles bien rapides : on les abrégeait parce qu'on sentait combien elles rendaient plus poignante son immense douleur.

Dès que cette crise eut passé de son état aigu à un état plus calme, mais sans espoir de guérison, la science et l'amitié insistèrent pour le déterminer à quitter sa chère cellule et son couvent bien-aimé, sous prétexte d'aller respirer l'air des champs, et de bénéficier pour son rétablissement d'une hospitalité qui lui était familière. Le vrai motif de cet éloignement, ordonné par le médecin et exigé par les amis, était de soustraire le P. François à la dernière épreuve.

Le jour néfaste approchait, nous le savions, et tandis que le saint religieux était accueilli au château de Franc, avec une piété filiale qui pouvait lui rappeler un autre accueil, déjà vieux de plus de trente ans et toujours vivant dans sa mémoire, ses frères étaient brutalement arrachés de leur solitude, et jetés sur le chemin, son église fermée et condamnée au silence des tombeaux. Il n'entendit pas les coups de marteaux et les ricanements des exécuteurs de ces basses œuvres ; mais le sinistre écho arriva jusqu'à son âme, et son cœur en fut brisé. Il pouvait déjà prononcer la parole de Saint Paul, que nous avons réservée pour résumer cette dernière période de sa vie : « *Cur-* « *sum consummavi.* » La carrière religieuse du P. François était finie, et sa vie d'homme touchait à son terme.

La lampe néanmoins sembla se ranimer un instant avant d'expirer, et quoiqu'elle ne projetât qu'un faible reflet de son ancien éclat, la délicatesse d'un ami crut pouvoir, sans témérité, exposer à une douce émotion cette âme que tant de flots amers avaient agitée.

Dix-huit mois s'étaient écoulés depuis l'expulsion, le couvent désert allait devenir momentanément une jouissance du collège Saint Caprais. Ce fut le moment choisi pour faire gravir une dernière fois la Sainte Montagne à celui qui avait transformé en Carmel notre vieil Ermitage. Une main hardie osa briser le sceau prétendu légal qui empêchait de communiquer de l'intérieur du cloître dans la basilique.

Il revit donc ces lieux qui lui gardaient tant de souvenirs : ces corridors mornes et silencieux, ces cellules entrouvertes et vides, ces allées où l'herbe croissait, effaçant déjà les pas des religieux, ces grottes creusées dans le rocher, ce petit cimetière où il avait marqué sa place, cette église surtout qui conservait encore, dans les ornements dont elle était décorée, les apparences de la dernière fête célébrée sous ses voûtes, alors harmonieuses et maintenant muettes... Rien n'échappa à son regard ; mais il se taisait, et gardait dans son cœur toutes les émotions qu'un pareil spectacle devait y faire naître.

Quelques jours plus tard, sa tristesse eût été bien plus profonde : l'ameublement de l'église fut enlevé. Chaire, où il avait prêché ; confessionnaux, où il avait exercé plus intimement le saint ministère ; autels, où tant de fois il avait immolé la Victime... Tout disparut comme au jour fatal d'une ville prise d'assaut. Plusieurs voulaient cacher au vénéré Père, revenu à son refuge des champs, ce dépouillement qui eut les apparences d'un pillage, quoique la malveillance n'y présidât point. Pouvait-il l'ignorer jusqu'à la fin ?... Un de ses amis ne le crut pas..., et il but jusqu'à la lie l'amer calice de ce que nous pouvons bien appeler sa passion.

## Péroraison

La mort ne tarda pas de mettre un terme à ce douloureux martyre ; et lui, à qui nous avons si bien pu prêter le langage de Saint Paul, peut bien ajouter au texte qui résume sa vie de foi inébranlable, de combat généreusement soutenu, et de sacrifice définitivement consommé : « *Fidem servavi, bonum* « *certamen certavi, cursum consummavi,* » les dernières paroles de l'Apôtre, pleines d'espérance et de consolation : « Il ne me « reste plus qu'à recevoir la couronne méritée. — *In reliquo* « *reposita est mihi corona justitiæ.* »

O Père, vous avez tout sacrifié : votre famille, votre patrie, les plaisirs trompeurs du monde, et jusqu'aux joies plus vraies de la vie religieuse... Jouissez maintenant de tous vos héroïsmes, dans les ravissements sans mélange que Dieu réserve à ses élus. Mais des splendeurs du ciel, où rien ne peut troubler la paix sereine de votre inaltérable bonheur, daignez abaisser vos regards sur notre Sainte Montagne, qui fut votre Carmel. Vous qui avez été, entre les mains de Dieu, l'instrument d'une création première, hâtez les jours d'une restauration !... Que les cloches silencieuses de votre monastère nous rappellent à des fêtes aimées ! Que les chants sacrés retentissent bientôt dans votre église restaurée ! Que vos fils reprennent parmi nous la suite de votre apostolat laborieux et fécond !

Comme les enfants de Jacob, nous enlèverons votre cercueil de la terre où vous allez dormir un premier sommeil, nous le prendrons sur nos épaules, et au lieu de l'arroser, comme aujourd'hui, de nos larmes amères, nous le couvrirons de fleurs, et nous entonnerons des chants de triomphe, en le transportant sous cet arbre solitaire dont l'écorce garde encore l'inscription gravée par votre main: « Ici je dormirai en paix jusqu'à l'heure « du grand réveil. — *In pace in idipsum dormiam et requies-* « *cam.* »

En attendant, nous le confions, comme un dépôt sacré, à cette paroisse de Montbran, qui se souvient du dévouement et de la fécondité de votre ministère dans son église, et qui vous témoigne tant de reconnaissance à cette heure. Il sera bien gardé... Et nous y viendrons souvent, par la prière, pour y acquitter une dette insolvable ; par le cœur, pour y pleurer ; par la pensée chrétienne, pour y apprendre à croire, à combattre, et à persévérer dans les voies mystérieuses des sacrifices qui mènent au Ciel.

# DEUXIÈME APPENDICE

## MÈRE HEDWIGE DE LA CROIX,
### DANS LE MONDE, Comtesse WIELHORSKA,
#### FONDATRICE ET PREMIÈRE SUPÉRIEURE GÉNÉRALE DES CARMÉLITES DE L'ADORATION RÉPARATRICE

L'épisode que nous allons raconter semblera, au premier abord, ne se rattacher que de loin à l'histoire de l'Ermitage d'Agen, devenu pendant quarante ans le centre de la vie du Carmel pour la province d'Aquitaine. Il en ressort pourtant, comme une belle tige d'un grand arbre ; et c'est à ce titre que nous lui consacrons cet appendice.

A la suite des derniers efforts patriotiques de la Pologne (1830-1840), une noble famille émigra de Varsovie, et vint s'établir à Rome ; elle représentait trois générations ; le vieux comte Schlubunski, sa fille la comtesse Wielhorska, et ses deux petites-filles Hedwige et Elisabeth. Elle fut particulièrement bien accueillie par le Souverain Pontife Pie IX, au début de son pontificat, et les enfants entrèrent comme pensionnaires au couvent du Sacré-Cœur de la Trinité-des-Monts.

A la sortie du pensionnat, déjà grandes jeunes filles, elles furent présentées au Vatican, où les Polonais avaient entrée facile. Pie IX les bénit, et les invita à revenir souvent. La bienveillante invitation, on le comprend, fut acceptée avecreconnaissance, et, sans indiscrétion, on se promit de revenir quelquefois.

Dès l'année 1855, une grave question s'agitait en famille : l'avenir des enfants. Elisabeth, la plus jeune, un peu gâtée de tous sous le nom de *Lili,* se prononçait pour vivre dans le monde, Hedwige affichait d'autres goûts, mais ne se prononçait pas. On s'occupa d'Elisabeth.

124

C'était la belle époque des relations de la France avec le
S. Siège. Napoléon III semblait avoir à cœur de réparer la
fâcheuse impression de sa trop fameuse lettre à Edgar Ney,
dont on se souvenait encore après six ans. Il avait établi à
Rome, après une entente avec le Pape, un préfet de police
chargé de maintenir l'ordre, et de protéger le Vatican. M. Mangin des Forges s'acquittait de ces délicates fonctions à la satisfaction des deux Souverains. Il habitait le palais Farnèse, ce
gracieux édifice où on sent que la main de Michel-Ange a touché, et où réside encore notre ambassadeur auprès du Quiri-
nal, avec une mission bien différente.

M. Mangin des Forges, catholique reconnu, et tout dévoué à
Pie IX, eut l'idée de demander la main de la jeune comtesse
Elisabeth Wielhorska. Le mariage fut célébré, et le lendemain
Hedwige sollicita l'honneur de révéler son secret au Souverain-
Pontife. Elle se sentait appelée au Carmel. La confidence
n'étonna point ; mais Pie IX demanda que la question fût étu-
diée par le confesseur, et quand elle eut été tranchée dans le
sens affirmatif, il fit remarquer à la postulante que la règle du
Carmel, mitigée par prudence en Italie et en Espagne, se
rétablissait dans toute sa rigueur dans la province d'Aquitaine,
sous la direction d'un homme éminent, le R. P. Dominique
de S. Joseph. C'était donc là qu'il faudrait s'initier à toutes
les sévérités de l'Ordre.

L'œuvre du R. P. Dominique était déjà florissante en France,
et à mesure qu'il fondait de nouveaux couvents en divers diocèses, les Evêques lui confiaient généralement la direction des
monastères de Carmélites de leur juridiction. Ainsi avaient agi
notamment les Evêques de Tarbes et de Carcassonne. Hedwige
fit donc ses adieux à sa *Petite Lili*, bien installée au palais
Farnèse, et partit pour la France avec son grand-père et sa
mère. On se dirigea d'abord sur Paris, où un douloureux évènement venait de causer une émotion si profonde, l'assassinat
de Mgr Sibour par un prêtre interdit et dément. Ce fut pour
Hedwige l'occasion d'exercer un grand acte de charité et de
courage, et de se montrer digne de devenir une fille héroïque
de Ste-Thérèse.

Elle usa de toute l'influence que lui donnaient le prestige de sa famille et le mariage récent de sa sœur, pour obtenir de la Préfecture de police l'autorisation de pénétrer dans la prison du misérable Verger ; et elle fit, dans cette entrevue un peu étrange, tout ce que lui inspirèrent sa foi et son amour des âmes, pour toucher le cœur du malheureux assassin. Elle se heurta à un orgueil révolté, et à un fanatisme qui allait jusqu'à la folie ; elle comprit qu'il n'y avait plus d'autre moyen d'arriver à une conversion que de recourir à la prière.

C'est sous cette douloureuse impression qu'elle arriva à Agen, pour se mettre sous la direction du R. P. François de Jésus-Marie-Joseph, à qui le R. P. Provincial confiait cette âme d'élite, prête à toutes les austérités du Carmel.

On remarque assez facilement, dans les petites villes, une famille nouvelle qui s'y installe avec quelque distinction. Le vénéré comte Schlubunski attira l'attention par sa tenue correcte d'ancien officier supérieur des armées polonaises, et sa petite-fille éveilla quelques curiosités féminines, dans le monde pieux, par ses ascensions quotidiennes à l'Ermitage, accompagnée par la comtesse Wielhorska, sa mère, ou par une gouvernante. Le mystère ne fut pourtant révélé que lorsque, après un séjour de quelques mois, on sut que Mlle Hedwige partait pour Bagnères-de-Bigorre, comme postulante du Carmel.

Elle prit l'habit en la fête de l'Assomption, le 15 août 1857. La cérémonie fut splendide. Sa sœur Elisabeth avait voulu qu'Hedwige fût belle au sanctuaire, comme elle-même au jour de son mariage ; elle lui envoya de Rome sa robe nuptiale et toutes les dentelles dont on l'avait parée. Un imposant cortège, composé de la brillante société qui se trouve ordinairement réunie à Bagnères de tous les points de la France, en cette saison de l'année, accompagna la postulante du parloir à la chapelle.

Le P. Hermann était à l'orgue, jouant une marche triomphale ; le P. Marie-Louis, en ce moment le plus brillant orateur de la province, parut en chaire, et fit connaître la postulante, en révélant sa noble origine, qui remontait aux chevaliers de la croisade de S. Louis, les secrets de sa vocation encouragée par Pie IX, et la générosité de son sacrifice. Le R. P. Dominique présidait, et après le saint sacrifice, la belle postulante traversa dans tous ses atours la foule sympathique, associée à son immolation, pour paraître quelques instants après derrière les grilles du chœur, sous la bure du Carmel et le manteau blanc des Filles de Ste-Thérèse.

Hélas ! trois mois plus tard une douloureuse épreuve était ménagée à la jeune novice. Les premiers froids de l'hiver au pied des montagnes firent sur elle, accoutumée au climat de Rome, une terrible impression. Une maladie grave s'ensuivit, et une consultation médicale lui imposa la sortie momentanée du couvent, et la vie sous une température plus douce. Elle nous fut ramenée à Agen, et d'un mot elle nous fit comprendre la douleur de son âme : « Me voilà donc, nous dit-elle, petit oiseau « privé d'air ; petit poisson hors de l'eau... Et pourtant je dois « être Carmélite !... »

Carmélite ! elle le sera. Deux ou trois mois de soins empressés la rétablirent, et le P. Hermann partit pour Carcassonne, sollicitant de Mgr de la Bouillerie, devenu Evêque, mais resté l'ami des adorations nocturnes du S. Sacrement, une cellule sous le climat plus doux de l'Aude. pour la novice, exilée par le froid de son couvent de Bagnères. Mgr de la Bouillerie Evêque, le P. Augustin solliciteur, Hedwige connue... On devine quel dut être l'accueil. Un an après, elle prononçait ses vœux, et pendant sept années elle fut l'édification de ses compagnes ; mais un grand évènement allait se produire.

Le palais Farnèse était attristé. M<sup>me</sup> Mangin des Forges, déjà très malade, donnait des inquiétudes pour sa vie. En ce moment le P. François dut se rendre à Rome, pour prendre part à l'élection d'un nouveau général, et la malade, qui le connaissait bien, sollicita l'honneur de le recevoir, et de l'avoir pour hôte pendant son séjour. La faveur obtenue, le Père disait chaque jour la messe à la chapelle du palais, et portait ensuite la communion à celle qui voulait être appelée encore la *Lili* d'autrefois.

« Père, lui dit-elle un jour, c'est bien doux de savoir que vous « dites la messe pour moi à la chapelle, et de recevoir ensuite « la sainte communion de vos mains... Mais croyez-vous que le « Souverain Pontife ne vous permettrait pas d'offrir le saint « sacrifice dans la belle chambre de *Lili*, bien ornée comme un

« sanctuaire ? » — « Madame, répondit l'ancien Provincial, je
« sais en quelle estime le Pape tient M. Mangin des Forges. De
« sa part, la demande pourrait être agréée. » Elle le fut, et le
lendemain, la messe était célébrée, non plus à la chapelle, mais
dans *la belle chambre de Lili, bien ornée en Sanctuaire.*

Après la messe, la communion et l'action de grâces, le P.
François s'approcha du lit, pour féliciter la malade de son succès, et jouir avec son mari de leur commune satisfaction, malgré
leur immense inquiétude.

« Voilà donc vos désirs accomplis, » lui dit le bon religieux,
et M<sup>me</sup> Mangin souriante : « Oui, mon Révérend Père,... mais
« pas tous, ajouta-t-elle... Ne savez-vous pas qu'après une fa-
« veur obtenue, les malades en demandent toujours une autre ?...
« Notre-Seigneur et le Souverain Pontife ont été bien bons pour
« moi. Ne pourraient-ils pas m'accorder quelque chose de
« plus ?... Oserai-je le dire ?... Ne pourrais-je pas revoir ma
« sœur Hedwige ?... » — « Oh ! mon enfant, vous demandez
« beaucoup. Le ciboire sort plus facilement du tabernacle qu'une
« Carmélite de son couvent... Cependant, ajouta le Père, en se
« tournant du côté de M. Mangin des Forges, le Souverain-
« Pontife m'a dit, dans l'audience qu'il m'a accordée, qu'il me
« félicitait d'être l'hôte du palais Farnèse ; car de tous les
« Français qui étaient à Rome, il considérait le Préfet comme
« le plus dévoué à sa personne. Je crois que nous pouvons tout
« oser ; dussions-nous essuyer un refus, je crois qu'on peut
« tenter une demande. »

. — « Mon ami, dit à son mari la chère malade comme si elle
« se sentait guérie. Faites atteler, et allez au Vatican !... Nous
« prierons avec le cher Père pour le succès de la démarche. »

La distance n'est pas longue du palais Farnèse au Vatican,
par le pont du château St-Ange. En moins d'une heure, M.
Mangin était de retour, portant le texte d'une dépêche que le
Souverain-Pontife envoyait *à son ami,* l'Evêque de Carcassonne. La voici :

« Monseigneur et Vénéré Frère, la présence de sœur Hedwige,
« du Carmel de Carcassonne, serait utile à Rome. Pourriez-
« vous lui permettre de venir ? Elle descendrait au Vatican, où
« je lui préciserais sa mission. »

La joie était au palais avec l'espérance, et la dépêche, arrivée à l'évêché de Carcassonne, avait été immédiatement transmise au Carmel. Le lendemain sœur Hedwige partait ; deux jours après elle était aux pieds du Souverain Pontife, qui lui dit aimablement : « Voilà neuf ans que je vous avais chassée de « Rome, pour faire de vous une vraie Carmélite. Je vous rap- « pelle pour vous faire momentanément Sœur de Charité. Allez « soigner votre sœur au palais Farnèse, jusqu'à ce qu'elle soit « guérie. ou peut-être... partie pour le ciel... Je vous bénis l'une « et l'autre... Après votre mission remplie, vous m'en avertirez, « et vous irez au Carmel de S. Egidius attendre que je dispose « de vous. »

Le P. François revit quelques jours sa postulante de 1857, non plus à l'Ermitage d'Agen, mais au palais Farnèse ; et dès que l'élection du nouveau général de l'Ordre, qui ne fut autre que le P. Dominique de S. Joseph, le fondateur de la province d'Aquitaine, lui permit de regagner la France, il laissa Rome et ses hôtes consolés par un rayon d'espérance. Espérance de peu de durée, hélas ! car Madame Mangin des Forges mourut peu de temps après. Sœur Hedwige en avertit le Pape, et se retira au Carmel de S. Egidius (S. Gilles). Elle y reprit sa vie de Carmélite, et attendit.

Pie IX s'occupait alors de rétablir l'évêché de Posen, dans la Pologne prussienne, et il avait désigné un prêtre polonais éminent pour en être le premier évêque, Mgr Ledokowski. Le vénéré prélat ne se dissimulait pas les difficultés qu'il allait rencontrer à ce poste de confiance, et il s'en ouvrit simplement au Souverain Pontife, en lui demandant des collaborateurs qui seconderaient son œuvre par l'action et par la prière.

« Des collaborateurs d'action, lui dit Pie IX, nous en trouve- « rons parmi les prêtres polonais réfugiés à Rome ; et pour « des coopératrices par la prière, j'ai votre affaire. Allez au « Carmel de S. Egidius. Demandez la sœur Hedwige de la « Croix ; c'est une polonaise de la famille des comtes Wiel- « horski. Dites-lui, en mon nom, de partir pour la Belgique, « où les vocations abondent au Carmel. Qu'elle se choisisse « douze compagnes de bonne volonté, dans les divers couvents « qu'elle visitera sous ma protection ; et qu'elle aille fonder un

« monastère à Posen. On y priera pour l'Evêque et pour sa
« grande œuvre ».

Sœur Hedwige partit pour la Belgique ; elle y trouva facilement douze compagnes, disposées à la seconder dans sa fondation. La petite colonie traversa tout le royaume de Prusse,
arriva sur les bords de la Wartha, et s'installa dans l'ancienne
capitale de la Grande Pologne, devenue maintenant le chef-lieu
d'une simple province prussienne. Le diocèse de Mgr. Ledokowski s'organisa rapidement, et le catholicisme y redevint
florissant comme avant le partage de la Pologne, trop florissant
aux yeux des envahisseurs. D'autres soucis néanmoins préoc-
cupaient Bismarck et le gouvernement prussien, et jusqu'à la
fin de la guerre, qui se préparait déjà contre la France, la
religion catholique jouit en Prusse de la législation de 1850, qui
lui laissait une grande indépendance. Pendant cinq ou six ans,
de 1866 à 1872, l'administration épiscopale ne connut aucune
entrave, et le monastère de Mère Hedwige attirait des vocations,
qui en firent bientôt une grande communauté.

C'est pendant cette courte période que la reine Augusta eut
l'idée de faire prêcher la station quadragésimale de Berlin par
le P. Hermann, dans l'Eglise de Ste-Hedwige. Cette prédication
eut un immense succès... Mais se trouvant à Berlin, n'ayant
que trois cents kilomètres de chemin de fer à courir pour
arriver à Posen, le P. Augustin pouvait-il rentrer en France,
sans visiter la nouvelle Prieure, dont il avait rehaussé la prise
d'habit par ses harmonies, à Bagnères, en 1857, et qu'il avait
amenée six mois plus tard au couvent de Carcassonne ?... Il
partit au lendemain de ses prédications de Berlin, il y eut
grande fête à la cathédrale de Posen, et fête plus intime au Carmel, où l'on rappela les souvenirs de dix années, bien agitées
pour des âmes qui s'étaient vouées à la solitude et qui ne devaient plus se rencontrer ici-bas.

Le P. Augustin allait s'enfermer pour un an au Saint-Désert
de Tarasteix, au pied des Pyrénées ; puis la guerre de 1870
devait l'expulser de France, le ramener à Berlin, et à Spandau,
où il mourut le 20 janvier 1871, victime de son dévouement,
vrai martyr de la charité.

Il ne fut pas seul victime et martyr. Le vainqueur de la

France, le chancelier de fer, Bismarck crut pouvoir s'attaquer à quelqu'un plus difficile à vaincre que notre malheureuse patrie ; il osa tout, par le Kulturkampf, contre l'Eglise et contre Pie IX, en attendant qu'il fût réduit à une humiliante capitulation, et condamné à son Canossa.

Une de ses premières victimes fut Mgr Ledokowski, le vénérable évêque de Posen, qu'il fit mettre en prison. Il trouva d'ailleurs quelqu'un pour répondre à cette brutalité ; Pie IX, envoya le chapeau de Cardinal au prisonnier-martyr ; et le chancelier eût la bassesse de s'en venger sur de pauvres Carmélites, qu'il enleva de leur couvent, et fit conduire par des gendarmes à la frontière.

Elles furent abandonnées là : mais la pauvre mère Hedwige ne se découragea point. Chassée de la Pologne prussienne, elle se trouvait dans la Pologne d'Autriche, et elle proposa à ses religieuses de s'établir à Cracovie comme elles s'étaient établies à Posen : « Nous serons encore Polonaises », leur dit-elle, « et « sous un gouvernement catholique, qui ne nous menace ni de « la prison, ni de l'exil ». Le Cardinal Ledokowski ne devait pas tarder de les y rejoindre ; il gênait Bismarck, dans sa prison. Les gendarmes l'enlevèrent lui aussi, et de la frontière prussienne, il se dirigea vers Cracovie pour continuer sur Rome, où Pie IX l'attendait.

Le Souverain Pontife ne tarda pas à appeler aussi à Rome les pauvres Carmélites exilées, et Mère Hedwige songea alors à réaliser un rêve longtemps caressé entre elle et le regretté P. Augustin : un Carmel avec l'Adoration Perpétuelle du S. Sacrement. Les règles de Ste-Thérèse ne l'autorisaient pas, et on s'était incliné devant la règle ; mais la petite colonie de Posen ne pourrait-elle pas obtenir du Pape une organisation particulière qui lui permettrait d'accomplir tous les exercices des Carmélites, avec le S. Sacrement exposé d'une manière permanente dans leur chapelle ? Le projet fut longuement étudié, et définitivement adopté avant la mort de Pie IX.

Cette mort, qui fut un si grand deuil pour l'Eglise, frappa profondément au cœur la Mère Hedwige et sa petite communauté. Qu'allait devenir leur œuvre ?... On attendit, et la Providence amena un évènement que rien ne permettait de prévoir.

Au moment où la jeune comtesse Wielhorska se prononça pour le Carmel, un oncle, qui détenait toute la fortune de la famille, s'était hâté de la déshériter en faveur de sa sœur Elisabeth et de son frère Sigismond ; mais Elisabeth était morte en 1865, et Sigismond mourut lui-même pendant les premières années qui suivirent le retour de Posen et de Cracovie. Hedwige redevenait héritière de trois millions. C'était précisément en des jours d'un très grand embarras financier pour le Pape Léon XIII.

Un prêtre français résidant à Rome, l'abbé Brugidou, avait conçu l'heureuse pensée d'offrir à Léon XIII une église, sous le vocable de S. Joachim, pour la nouvelle Rome, construite aux Pratti, sur la rive droite du Tibre, entre S. Pierre et le Pincio. L'administration de Victor-Emmanuel avait bien prévu, dans les plans de cette cité improvisée, casernes, palais de justice, et tout ce qui peut convenir à une construction moderne ; mais point d'église. Ainsi la vieille Rome compterait environ quatre cents lieux de prières, et pas un sanctuaire pour la ville nouvelle, qui allait se peupler.

L'abbé Brugidou crut pouvoir lancer une souscription parmi ses confrères de France, dans l'intention d'élever une église au moins, pour la population qui allait affluer aux Pratti de toutes les provinces d'Italie, surtout de Turin, qui avait cessé d'être capitale, et de Florence, qui ne le fut qu'en passant. On répon-dit à son appel, et en peu de temps il recueillit un million. Il se laissa éblouir à ce premier succès, et il fit dresser un plan ma-gnifique pour son église rêvée de S. Joachim. On dépensa un million, et on continua les travaux, espérant qu'un nouvel appel couvrirait les avances. Ce fut une déception. La dette était énorme, et le pauvre abbé Brugidou, au lieu d'offrir au Pape son église achevée, dut lui avouer sa déconvenue, et lui faire connaître la situation.

Léon XIII, malgré un appel direct fait au clergé de France, et l'écho généreux qui y répondit, se demandait comment il ferait honneur aux engagements pris, lorsque Mère Hedwige sollicita une audience, et raconta au S. Père comment la Providence venait de lui rendre l'héritage dont elle avait été exclue.

« S. Père, lui dit-elle naïvement, je sais que vous être pau« vre, et qu'une grosse difficulté vous préoccupe. Me voilà
« redevenue riche ; puisez à la bourse de Votre Enfant. »

Le Pape accepta quinze cent mille francs, et en laissa autant à l'héritière, qui conçut elle-même immédiatement un magnifique projet.

La maison où Ste-Brigitte avait eu ses révélations, et où elle avait vécu avec sa fille Ste-Catherine de Suède, était voisine du palais Farnèse, et plus d'une fois, des fenêtres du palais, où elle soignait sa sœur mourante, Sœur Hedwige avait porté ses regards vers la demeure bénie où les deux saintes avaient eu des communications intimes avec le ciel. Elle demanda au Souverain Pontife la permission de l'acquérir, et d'en faire son couvent de Carmélites, avec une chapelle où le S. Sacrement serait exposé tous les jours, en réparation des outrages faits à Notre-Seigneur dans l'Eucharistie.

Ainsi la jeune comtesse Wielhorska, après Agen, après Bagnères de Bigorre, après Carcassonne, après Posen, se retrouvait pour la troisième fois à Rome, et y devenait *Fondatrice et Supérieure Générale des Carmélites de l'Adoration Réparatrice*, sous le nom de *Mère Hedwige de la Croix*. Son couvent de Ste-Brigitte, à la place Farnèse, d'où elle pouvait voir de bien près le palais qui fut la résidence de sa sœur Elisabeth, le témoin de sa maladie et le lieu de sa mort, devint sa maison principale. Elle fonda deux autres monastères, dont elle avait aussi la direction, à Lénola, près de Gaëte, et à Porto-Maurizio. C'est dans ce dernier qu'elle mourut, le 9 janvier 1911, à l'âge de 75 ans, et après 54 ans de vie religieuse. Sa dépouille mortelle a été transférée à Rome, et déposée en sa chapelle de Ste-Brigitte, au cimetière de S. Laurent hors les murs, près de la célèbre basilique où repose aussi, en attendant la résurrection, la dépouille mortelle de Pie IX.

Nous ne saurions mieux clore cet appendice qu'en citant ici la lettre que la Secrétaire Générale nous écrivit, pour nous annoncer la mort :

« Du Carmel-Eucharistique de Ste-Brigitte, à Rome.

« Très honoré Monsieur le Chanoine,

« Hélas ! Votre Révérence semblait deviner, dans sa dernière lettre à Notre Vénérée Mère, aux fêtes de Noël, le malheur qui nous menaçait... Le Bon Dieu nous a enlevé le meilleur des cœurs : notre tant aimée, vénérée et chérie Révérende Mère Hedwige de la Ste-Croix, le 9 janvier, après une courte maladie d'une huitaine de jours à peine.

« Comment exprimer toute l'angoisse de nos cœurs, si intimement attachés à celui de notre Vénérable Mère Fondatrice ? Seul le *Fiat* des Oliviers, avec le doux espoir de revoir, dans un monde meilleur, notre inoubliable chère Mère, pourra consoler nos cœurs filiaux.

« Notre chère Mère quitta Rome en novembre, pour passer quelques semaines au Carmel de l'Immaculée, à Porto-Maurizio. Hélas ! Aurions-nous pu penser que ce jour d'adieu serait le dernier ?... Que la bénédiction tracée sur nos fronts par sa main maternelle serait la dernière ?... Il est donc vrai, l'homme propose, et Dieu dispose !

« Les premiers jours de janvier, cette bonne Mère a été prise d'une pneumonie du côté du cœur. Comme le cœur était souffrant depuis quelque temps, le médecin a déclaré tout de suite qu'il y avait peu d'espoir de rétablissement. On peut se figurer toute notre peine à cette nouvelle, et notre désolation de savoir si loin de nous notre chère malade. Dès le quatrième jour on lui administra les derniers sacrements, au milieu de ses filles Carmélites en pleurs. Deux fois nous avons obtenu pour notre chère malade la Bénédiction Apostolique.

« Ainsi préparée et fortifiée, notre chère mourante allait vers l'éternité avec un calme angélique, avec une joie toute résignée, une conformité tout extraordinaire à la sainte volonté du Seigneur. Gardant sa connaissance jusqu'au dernier soupir, elle n'a cessé de répondre à toutes les demandes : « Mes chères « filles, je ne désire rien que la gloire de Dieu, et la sainte « volonté du Bon Dieu. » En effet, n'était-ce pas l'idéal de sa vie entière : Travailler, souffrir pour la gloire de Dieu ?

« Deux fois on avait obtenu d'offrir le saint-sacrifice dans sa cellule ; c'était le jour de l'Epiphanie et le lendemain. Le lundi,

9 janvier, cette âme grande et noble a dû prendre son essor vers la Patrie céleste, à 3 h. 1/2 de l'après-midi, priant et bénissant sa petite communauté de Porto-Maurizio, et de loin celles de Rome et de Lénola, ainsi que tous ceux qui l'aimèrent et auxquels elle resta attachée si fidèlement.

« Certes le Divin Maître a dû récompenser largement ce cœur qui se consumait à son service, dans la charité et l'immolation. Aussi pouvons-nous compter sur sa protection, maintenant qu'elle est placée si près du cœur de Jésus. Du reste nous l'avons ressentie déjà en bien des occasions, spécialement dans le moment des élections pour la nouvelle Révérende Mère Générale. Cette question, si importante pour le bien des trois communautés, a été heureusement résolue. La bonne Providence a choisi une âme qui continuera, avec la grâce de Dieu et le concours de ses filles dévouées, dans le même esprit de sacrifice, d'union et de ferveur, la grande et belle œuvre commencée par Notre chère Mère Hedwige de la Ste-Croix.

« Je dois vous dire encore, très-honoré Monsieur le Chanoine, que la dépouille mortelle de notre tant aimée Mère a été transférée de Porto-Maurizio à Rome, et déposée en la chapelle de Ste-Brigitte, qui se trouve au grand cimetière romain.

« Dans notre église a été célébrée, le matin de l'enterrement, par les R. R. P. P. Carmes, la messe funèbre. Beaucoup de monde entourait le cher cercueil, preuve de la vive sympathie et de la tendre affection que tous portèrent à ce cher cœur envers tous si plein de bontés maternelles. Son dévouement et son angélique candeur, qui furent le cachet de sa vie entière, resteront à tous et à toutes inoubliables.

« Nous croyons toujours qu'elle avait un pressentiment de sa fin prochaine, et aussi du sacrifice que le Bon Dieu allait lui demander de mourir loin de Rome, loin de Ste-Brigitte... Rome, son amour, la Ville Sainte des Martyrs, lui rappelant tant de souvenirs personnels, n'a pas recueilli son dernier soupir !... En quittant notre monastère, ce mois de novembre, elle fit cette étrange réflexion à la sœur qui l'accompagnait : « Disons « adieu à Ste-Brigitte pour toujours..., car je n'y reviendrai « plus ! »

« Ce qui est plus singulier encore, c'est qu'elle écrivit son

*Testament spirituel* l'année passée, à la fête de la Pentecôte. Quel trésor pour nous ! Quelle édification !... Chaque phrase, chaque ligne, chaque mot garde les traces de l'esprit de foi, de la singulière charité et surtout du culte de l'Adoration-Réparatrice qui animèrent son esprit et son cœur. Amour, sacrifice, ferveur ! Réparation au Divin Prisonnier ! Tel est le refrain de chaque page. Dire qu'il ne date que de l'année passée !.. Donc, n'avait-elle pas quelque connaissance de la séparation prochaine ?

« Votre Révérence lui disait dans sa dernière lettre : « Qui « de nous deux sera le dernier du petit cercle formé il y a plus « de cinquante ans ? » Et voilà M. le Chanoine resté le dernier... Pèlerin de cette pauvre terre où toutes les bonnes âmes soupirent vers la vraie Patrie, le bonheur céleste... Car en pleurant ceux qui nous quittent, on est tenté de leur porter envie. La mort n'est-elle pas la vie ? Et par conséquent pourquoi ne point nous réjouir plutôt avec ceux qui ont franchi ce pas, qui ont combattu pour le bien, pour la gloire et l'amour de Jésus, alors qu'ils sont appelés à jouir éternellement de la grande félicité ?

« Cependant le cœur humain a aussi ses droits, et toujours nous pleurerons notre inoubliable chère Mère Hedwige, priant pour elle, tout en étant portés à l'invoquer...

« Demandant à genoux la sainte bénédiction, nous restons en N, S., de votre Révérence,

Les humbles servantes

Carmélites-Réparatrices.

S<sup>r</sup> M. CÉCILE du S. C.

(Secrétaire) ».

# TABLE DES MATIÈRES

Villeneuve-sur-Lot. — Imp. Renaud Leygues.

www.ingramcontent.com/pod-product-compliance
Ingram Content Group UK Ltd.
Pitfield, Milton Keynes, MK11 3LW, UK
UKHW020208130726
13696UKWH00002B/785

9 782019 171094